ATLAS
DER
geographischen Kuriositäten

VITALI VITALIEV

JONGLEZ VERLAG

Inhalt

Definitionen

- Eine **Exklave** ist ein Gebiet unter der Souveränität eines Landes, das jedoch durch ein oder mehrere andere Länder oder Meere vom Hauptgebiet dieses Landes getrennt ist. Somit ist Nachitschewan eine Exklave von Aserbaidschan: Um es von Aserbaidschan aus zu erreichen, muss man durch Armenien oder den Iran fahren (siehe Seite 115).

- Eine **Enklave** ist ein Gebiet, das vollständig von einer einzigen anderen territorialen Einheit (Region oder Land) umgeben ist. So gibt es drei Länder auf der Welt, die in anderen Ländern eingeschlossen sind: Der Vatikan und San Marino in Italien und Lesotho in Südafrika.

- Eine **Halbenklave** oder **Halbexklave** ist ein Binnengebiet, das Zugang zu internationalen Meeren hat, was verhindert, dass es vollständig von Binnenland in einem anderen Gebiet eingeschlossen ist. Monaco, Gambia und Brunei (unabhängige Länder) sind Halb-Enklaven, Kaliningrad (Region Russlands) ist eine Halb Exklave (und keine Halb-Enklave), da es kein unabhängiges Territorium ist.

- Ein **Periklave** ist ein Territorium eines Landes, das nur über die Straße von einem anderen Land aus erreichbar ist. Northwest Angle (USA, siehe Seite 19), Point Roberts (USA, siehe Seite 21) oder das Kleinwalsertal (Österreich, siehe Seite 59) sind Beispiele für Periklaven, auch „praktische“ Exklaven genannt.

- Eine **Gegen-Enklave** ist eine Enklave innerhalb einer Enklave. Derzeit gibt es weltweit zwei: Baarle (Niederlande/Belgien, siehe Seite 67) und Nahwa (Vereinigte Arabische Emirate/Oman, siehe Seite 155).

Beaufort Sea
Arctic Circle
Alaska (USA)
Fairbanks
Anchorage
Whittier Glacier
Hudson Bay
Churchill
CANADA
Ontario
Calgary
Winnipeg
Rainy River
Vancouver
Seattle
Minnesota
Montréal
Toronto
Chicago
New York
UNITED STATES OF AMERICA
Pacific Ocean
Atlantic Ocean
MEXICO
N
1 000 km

Whittier • Alaska, USA

Die einzige Gemeinde der Welt unter einem Dach

Die „Stadt" Whittier an den Ufern des Prince William Sound in Alaska könnte sich als weltweit einzige Ein-Haus-Gemeinde vermarkten, denn fast alle ihre 205 Einwohner leben im 14-stöckigen Begich Tower, Alaskas höchstem Gebäude.

Whittiers Geschichte ist faszinierend. Nicht lange nachdem die Japaner im Zweiten Weltkrieg Dutch Harbor auf den Aleuten bombardiert hatten, begann die US-Armee, nach einem Ort für den Bau einer geheimen Militäranlage zu suchen. Die vorgeschlagene Basis musste ein eisfreier Hafen und so unzugänglich wie möglich sein. Whittier war perfekt, dank der 3.500-Fuß-Gipfel, die es umgeben und es den größten Teil des Jahres mit Wolken bedecken. Um den Zugang zum Seward Highway im Norden zu ermöglichen, sprengte die Armee einen Versorgungstunnel aus massivem Granit und der Anton-Anderson-Gedenktunnel bleibt eines der großen technischen Wunderwerke Alaskas. Die Fertigstellung des Tunnels führte zum Bau des damals größten Gebäudes in Alaska, in dem mehr als 1.000 Arbeiter untergebracht werden konnten.

Die Armee versorgte und unterhielt Whittier bis 1960 und ließ die Begich Towers zurück, in denen heute die meisten der 205 Einwohner von Whittier leben – ein Drittel weniger als im Jahr 2000, als der Tunnel zusammen mit der Alaska Railroad für den Autoverkehr überholt wurde.

Um genau zu sein, wohnen nur 204 Menschen in dem Wolkenkratzer: Ein Einzelgänger entschied sich, dem Hochhausleben zu entfliehen, indem er sich in einem verlassenen Bus im Hafen niederließ.

Der Turm verfügt über alle notwendigen Annehmlichkeiten: Geschäfte, Restaurants, Waschsalon, Postamt, Museum (den Flur vom Postamt aus hinunter), Schönheitssalon, Kirche und sogar ein kleines B&B in den oberen beiden Stockwerken mit herrlichem Blick auf den Sound. Früher gab es dort auch ein kleines Gefängnis, das aber mangels Tätern geschlossen werden musste. Eine Etage wird von der „Stadtverwaltung" besetzt, darunter der Bürgermeister, der als Stadtdirektor bekannt ist und drei Schlüsselabteilungen: Verwaltung, öffentliche Sicherheit und öffentliche Arbeiten.

Die anfängliche Entscheidung, alle Bewohner in einem Gebäude unterzubringen, war ein Versuch, das Räumen von Schnee zu minimieren, an dem es in Whittier im Winter nicht mangelt. Als das Militär 1963 abzog, verfiel die Stadt in einen Winterschlaf, der nur gelegentlich von Zügen der Alaska Railroad aus Anchorage unterbrochen wurde, die Touristen zu Gletscherkreuzfahrten im Sound brachten.

Die Eisenbahn war die einzige Verbindung der Mini-Stadt zur Außenwelt (wenn man nicht die winzige Landebahn mitzählt, die vom Militär hinterlassen wurde und lokal als „Whittier International Airport" bekannt ist), bis die Verlängerung des Alaska Marine Highways nach Whittier fertiggestellt war.

Beaufort Sea
Arctic Circle
Alaska (USA)
Fairbanks
Anchorage
Hudson Bay
Churchill
CANADA
Ontario
Yonge Street
Calgary
Winnipeg
Rainy River
Vancouver
Seattle
Minnesota
Montréal
Toronto
Chicago
New York
UNITED STATES OF AMERICA
Pacific Ocean
Atlantic Ocean
MEXICO
N
1 000 km

Yonge Street • Kanada

Die längste Straße der Welt mit 1.896 km

Wenn Sie jemanden in Toronto nach dem Weg fragen und er sagt „es ist am Ende der Straße", stellen Sie besser sicher, dass Sie nicht auf der Yonge Street stehen, wo das Ende der Straße 1.896 km entfernt sein könnte. Die Yonge Street ist in der Tat die längste Straße der Welt (laut Eintrag in das *Guinness Buch der Rekorde*) und wenn man sich an die Definition des Merriam-Webster-Wörterbuchs für „eine Straße" als „eine Durchgangsstraße mit angrenzendem Grundstück" hält, ohne Beschränkung auf eine bestimmte Stadt, Gemeinde oder Dorf.

Selbst für Kanadier, die große Entfernungen gewöhnt sind, ist das Konzept, mit jemandem in derselben Straße zu leben, der fast ein Viertel des Kontinents und eine Zeitzone weit entfernt ist, ein wenig schwer zu akzeptieren. Die Yonge Street führt durch Toronto und direkt durch die Wildnis von Ontario in die Subarktis, über die Spitze der Großen Seen. Die Straße endet erst, wenn sie bei Rainy River, Minnesota, direkt auf die US-Grenze trifft. Die Reise über die Straße dauert vier Tage.

Die Yonge Street war ein wesentlicher Bestandteil der ursprünglichen Planung und Besiedlung des westlichen Oberkanadas in den 1790er Jahren und bildet die Grundlage der heutigen Konzessionsstraßen in Ontario. Einst der südlichste Abschnitt des Highway 11, der die Provinzhauptstadt mit dem Norden Ontarios verband, wurde er als „Main Street Ontario" bezeichnet. Heute ist kein Abschnitt der Yonge Street als Provinzstraße gekennzeichnet.

Ontarios erster Kolonialverwalter, John Graves Simcoe, benannte die Straße nach seinem Freund Sir George Yonge, einem Experten für alte römische Straßen. Der erste Teil, der am 16. Februar 1780 fertiggestellt wurde, war 55 km lang.

Die Yonge Street wurde als eine kommerzielle Hauptverkehrsader im späten 18. und frühen 19. Jahrhundert wichtig, da so Pelze und andere Reichtümer aus dem Norden auf den Markt von Toronto transportiert wurden. Der Rainy River an der Grenze zwischen Ontario und Minnesota markiert die Stelle, an der die Yonge Street endet. Auf einem einsamen Straßenschild steht „ENDE". Von dort aus ist Toronto eine weit entfernte Erinnerung.

Die kürzeste Straße der Welt

Im Vergleich dazu wird – laut *Guinnessbuch der Rekorde* – der Ebenezer Place in Wick, Caithness, Schottland, mit 2,06 Metern als die kürzeste Straße der Welt bezeichnet. Die Straße hat nur eine Adresse: den Eingang zum No. 1 Bistro, das zum *Mackays Hotel* gehört.

CANADA
Washington
UNITED STATES OF AMERICA
MEXICO
Idaho
Wyoming
Nebraska
Salt Lake City
Denver
32nd meridian west from Washington
Utah
Colorado
Nevada
Colorado Springs
The Four Corners
37th parallel north
Oklahoma
Colorado
Santa Fe
Gallup
Flagstaff
Albuquerque
Arizona
New Mexico
California
Phoenix
UNITED STATES OF AMERICA
Texas
Rio Grande
N
MEXICO
200 km

Die Four Corners • USA

Der einzige Punkt in den USA, an dem sich vier Bundesstaaten treffen, von denen einer den anderen wegen einer Grenzkontroverse verklagt

Die Four Corners sind eine Region im Südwesten der Vereinigten Staaten und umfasst die südwestliche Ecke von Colorado, die südöstliche Ecke von Utah, die nordöstliche Ecke von Arizona und die nordwestliche Ecke von New Mexico. Das Gebiet ist nach dem Vierpunkt benannt, an dem sich die Grenzen der vier Staaten treffen.

Der durch das Four Corners Monument markierte Punkt ist der einzige Ort in den Vereinigten Staaten, an dem vier Bundesstaaten zusammenlaufen.

Die Vereinigten Staaten erwarben die Region nach dem Ende des Mexikanisch-Amerikanischen Krieges 1848. Durch die erste Grenze, die seit 1850 existiert, entstand das New-Mexico-Territorium und das Utah-Territorium. Die Grenze zwischen den beiden wurde als 37. nördlicher Breitengrad definiert.

1861 wurde der östliche Teil vom Utah-Territorium abgenommen, um das Colorado-Territorium zu schaffen. Die südliche Grenze des Colorado-Territoriums blieb der 37. nördliche Breitengrad, aber die neue Grenze zwischen den Territorien Colorado und Utah wurde als 32. Meridian westlich von Washington definiert (eine Referenzlinie, die damals als Washington-Meridian verwendet wurde).

Im Jahr 1863 wurde nach der Behauptung, das New-Mexico-Territorium sei zu groß, um ordnungsgemäß verwaltet zu werden, vom Kongress ein Arizona-Territorium geschaffen, das dieselben Grenzen des 37. nördlichen Breitengrads und des 32. Meridians im Westen hatte.

Seit dem frühen 20. Jahrhundert kamen Kontroversen über die Exaktheit der Position des Denkmals auf: Es wurde festgestellt, dass die Grenzen aufgrund der damals verfügbaren primitiven Vermessungstechnik nicht immer wie beabsichtigt den Meridian- und Parallellinien folgten. Aufgrund dieser Diskrepanz fragten sich die vier Staaten, ob die korrekten Grenzen die exakten Linien von Meridian und Parallele (und ob neue, genauere Vermessungen durchgeführt werden mussten) oder ob die während der ersten Vermessungen angebrachten Markierungen doch die tatsächliche Grenze seien.

Aus diesem Grund entschied im Jahre 1925 der Oberste Gerichtshof, nachdem New Mexico 1919 Colorado verklagt hatte, dass die Markierungen, die während der ersten Vermessungen angebracht worden waren, die tatsächlichen Grenzen waren, selbst wenn sie an manchen Stellen verschoben waren (wie beim Four Corners Monument, das sich ungefähr 550 Meter östlich von dem Ort, an dem es sein sollte, befindet). Das Problem wurde gelöst und die heutige rechtliche Beschreibung der Grenzen basiert auf den ursprünglichen Markierungen, jedoch nicht auf der schriftlichen Beschreibung der Grenzen, die bei der Bildung der Gebiete erstellt wurden. Aus diesem Grund sind die Grenzen zwischen diesen Staaten nicht ganz gerade und verlaufen oft im Zickzack.

Kanada hat auch ein Four-Corner-Gebiet, in dem die Provinzen Manitoba, Saskatchewan, die Northwest Territories und Nunavut zusammentreffen. Nunavut wurde 1999 offiziell von den Northwest Territories getrennt, obwohl die Grenzen 1993 durch den Nunavut Act und das Nunavut Land Claims Agreement festgelegt worden waren. Beide Dokumente definieren die Grenze von Nunavut so, dass sie den „Schnittpunkt von 60°00'N Breite und 102°00'W Länge umfasst, wobei es sich um den Schnittpunkt der Grenzen von Manitoba, der Northwest Territories und Saskatchewan handelt. Der Schnittpunkt der Grenzen von Manitoba, Saskatchewan und den Northwest Territories, die vor der Gründung von Nunavut vermessen wurden, ist durch einen meterhohen Aluminium-Obelisk gekennzeichnet.

CANADA
UNITED STATES OF AMERICA
MEXICO
Lake Winnipeg
Winnipeg
Winnipeg
CANADA
Manitoba
Ontario
Angle Inlet
Sprague
Northwest Angle
Lake of the Woods
Roseau
Rainy River
Rainy Lake
Rainy
International Falls
North Dakota
Minnesota
Red Lake Reservation
Grand Forks
Red River of the North
UNITED STATES OF AMERICA
Bemidji
Mississippi
Grand Rapids
N
100 km

Northwest Angle • USA

Von den USA aus nur mit dem Schiff oder über Kanada erreichbar; der einzige Ort außerhalb Alaskas, an dem sich die USA nördlich des 49. Breitengrades erstrecken, ist das Ergebnis historischer Fehlkartierungen

Ungefähr in der Mitte der Grenze zwischen den USA und Kanada, die mit 8.900 km die längste internationale Grenze der Welt ist, biegt die Grenzlinie nach Norden zum Nordwestwinkel ab, dem einzigen Ort außerhalb Alaskas, an dem sich die USA nördlich des 49. Breitengrads erstrecken.

Der Northwest Angle (Nordwestwinkel) ragt wie ein Schornstein über das Dach von Minnesota hinaus und reicht bis nach Ontario und Manitoba in Kanada. Damit ist der Northwest Angle der nördlichste Punkt der kontinentalen USA. Wie Point Roberts (siehe Seite 21) und Alaska ist er von den USA aus nur mit dem Boot oder über Kanada erreichbar.

Diese geografische Besonderheit ist das Ergebnis einer schlechten Kartierung im 18. Jahrhundert und langwieriger Verhandlungen zwischen den USA und Großbritannien.

Während der Ausarbeitung des Vertrags von Paris (dem offiziellen Ende des amerikanischen Unabhängigkeitskrieges im Jahr 1783) arbeiteten Verhandlungsführer, darunter Benjamin Franklin, bevollmächtigter Minister für die USA, eine Grenze vom Atlantischen Ozean bis zum Mississippi aus. Nachdem die Great Lakes durchquert worden waren, sollte die Grenze kleineren Seen und Flüssen (wie dem Rainy) vom Lake Superior bis zum Lake of the Woods folgen. Die Grenze sollte sich dann in einem nordwestlichen Winkel über den Lake of the Woods erstrecken und genau nach Westen zum Mississippi schneiden.

Aber die Vermessungen des Gebiets waren rudimentär, und Verhandlungsführer in Paris verwendeten die fehlerhafte Mitchell-Karte, die den Mississippi fälschlicherweise als sich zu weit nach Norden über seine eigentliche Quelle am Itasca-See hinaus erstreckend zeigte. Außerdem waren die abgebildete Form (wie ein großes Ei) und die Position von Lake of the Woods falsch. Es wurde schnell klar, dass die vorgeschlagene Grenzlinie nicht gezogen werden konnte …

Der Fehler wurde nach dem Louisiana Purchase (1803) deutlicher, der auch mit nicht spezifizierten Grenzen einherging, die eine Kartierung und Verhandlung erforderten.

Daher wurde, nachdem der 49. Breitengrad als die Linie vereinbart worden war, die amerikanische und britische Besitztümer westlich des Lake of the Woods trennt, 1818 eine weitere Linie genau nach Süden von diesem nordwestlichsten Punkt zum 49. Breitengrad gezogen. Das schuf die 90-Grad-Aufwärtskurve, die die Einheimischen „The Angle“ nennen.

Im 19. Jahrhundert versuchten die Briten mehrmals, zu verhandeln, und brachten den Winkel zurück nach Kanada, aber aus historischen Gründen und aus Stolz wollten die USA nie etwas ändern, was im Vertrag von Paris ausgehandelt worden war.

Der Nordwestwinkel erstreckt sich heute über 1.500 Quadratkilometer, von denen 1.200 Wasser sind. Rund 120 US-Bürger verteilen sich entlang der Ufer des Lake of the Woods und seiner Inseln. Die Stadt hat keine Ampeln, Krankenhäuser oder Lebensmittelgeschäfte. Es gibt ein Schulhaus mit einem Raum, das letzte seiner Art in Minnesota. Wenn die Einwohner einkaufen gehen möchten, müssen eine 120 km lange, strapaziöse Reise durch Kanada und zurück nach Minnesota machen, zweimal die internationale Grenze überqueren und einen Großteil des Weges über Schotter- und Feldwege zurücklegen. Es gibt keine Fähren über den Lake of the Woods und der Northwest Angle hat keine ganzjährige direkte Straßenverbindung in die USA.

CANADA
UNITED STATES OF AMERICA
MEXICO
Squamish
CANADA
Strait of Georgia
Vancouver
Nanaimo
Surrey
Langley City
Boundary Bay
Point Roberts
Vancouver Island
Bellingham
Langford
Victoria
Strait of Juan de Fuca
UNITED STATES OF AMERICA
(Washington State)
Port Angeles
Everett
Pacific Ocean
Seattle
N
Tacoma
100 km
Olympia

Point Roberts • USA/Kanada

Eine Halbinsel in den USA, die nur auf dem Landweg mit Kanada verbunden ist

Point Roberts im Norden des Bundesstaates Washington mit 1.300 Einwohnern liegt auf einer Halbinsel, die nur auf dem Landweg mit Kanada verbunden ist. Damit ein Amerikaner ihn auf dem Landweg erreichen kann, muss er die Grenze zweimal überqueren. Territorial ist er also eine Exklave und mit dem Auto ist es nur möglich, über Kanada einzureisen.

Unter anderen Umständen wäre die isolierte 1.200 Hektar große Halbinsel eine übersehene Ecke der weitläufigen Umgebung von Greater Vancouver gewesen. Aber die Gemeinde verdankt ihre seltsame Existenz dem Oregon-Vertrag von 1846, der den pazifischen Nordwesten entlang des 49. Breitengrades teilte und unwissentlich eine kleine Enklave vom USA-Land-abriegelte.

Die britischen Kolonialbehörden boten im Gegenzug ein besser zugängliches Grundstück an, aber ihre Bitten wurden hartnäckig ignoriert und nur 40 Jahre später legten einige Siedler jenseits der Grenze den Grundstein für Kanadas drittgrößte Stadt: Vancouver. Heute ist Point Roberts stark darauf angewiesen, seinen 2,5 Millionen starken Nachbarn eine Miniatur der USA anzubieten.

Die fünf Tankstellen der Gemeinde sind voll mit kanadischen Nummernschildern aus British Columbia, die für 10 ¢ bis 30 ¢ weniger pro Liter als in Kanada Kraftstoff tanken. Ein Spirituosengeschäft verkauft preisgünstige Spirituosen und obskure US-Biere und Einzelhändler bieten preisgünstige Milchprodukte an. Restaurants servieren Medium-Rare-Burger, eine Delikatesse, die von den Gesundheitsvorschriften von British Columbia so verachtet wird, dass sie im Großraum Vancouver praktisch nicht existiert.

Von den mehr als 2.000 Häusern auf der Halbinsel sind etwa 1.300 Saisonunterkünfte für Kanadier. Im Sommer steigt die Bevölkerung auf 5.000.

Viele der ständigen Einwohner der Gemeinde sind Kanadier mit Green-Cards oder doppelter Staatsbürgerschaft. Fahrzeuge hissen Canucks-Flaggen und junge Spieler aus Point Roberts spielen in kanadischen Sportligen.

Verwirrenderweise befinden sich alle Tierärzte, Gesundheitsdienstleister und sogar High Schools von Point Roberts auf dem Festland von Washington, das nur über zwei Grenzübergänge durch kanadisches Territorium erreichbar ist, wodurch automatisch eine Art Gated Community entsteht. Das heißt nicht, dass diese frei von Kriminalität ist. Im Jahr 2009 nutzte Ryan Alexander, der angeklagte Mörder des kalifornischen Models Jasmine Fiore, die durchlässige Grenze von Point Roberts, um nach Kanada zu kommen. Später unternahm Colton Harris-Moore, der jugendliche „Barefoot Bandit", während seiner zweijährigen Jagd nach Einbrüchen und Fahrzeugdiebstählen an der Westküste einen Streifzug nach Point Roberts.

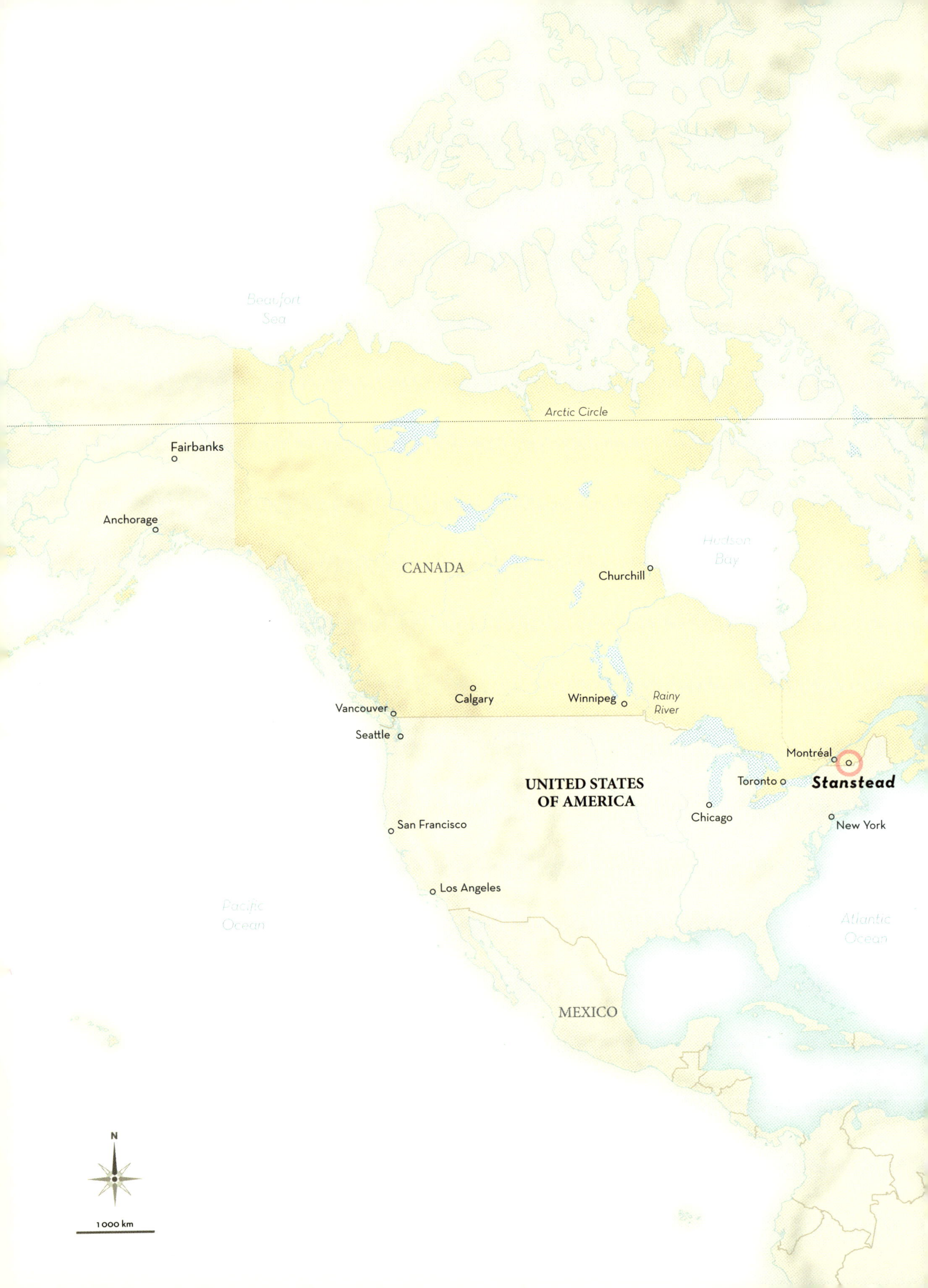
Beaufort Sea
Arctic Circle
Fairbanks
Anchorage
CANADA
Hudson Bay
Churchill
Calgary
Winnipeg
Rainy River
Vancouver
Seattle
Montréal
Toronto
Stanstead
UNITED STATES OF AMERICA
Chicago
New York
San Francisco
Los Angeles
Pacific Ocean
Atlantic Ocean
MEXICO
N
1 000 km

Stanstead • USA/Kanada

Eine weltweit einzigartige Stadt, auf der Grenze zwischen den USA und Kanada

Die drei ehemaligen Gemeinden Beebe Plain, Rock Island und Stanstead Plain bilden heute ein weltweit einzigartiges Dreigestirn: Die Stadt Stanstead, die sich direkt auf der Grenze zwischen den USA und Kanada befindet.

Manchmal muss man sich bei einer Grenzkontrolle sogar die Schuhe ausziehen. Angesichts dieser Tatsache mag die Vorstellung überraschen, dass es in Québec einen Ort gibt, an dem man einfach so unter den Augen der Grenzer in die USA hinüberspazieren kann. Doch genauso verhält es sich beim Überqueren der Rue Canusa in der ehemaligen Gemeinde Beebe Plain in den östlichen Kantonen Québecs. Denn durch die Straße zieht sich der Länge nach die Grenze zwischen den beiden benachbarten Ländern. Auf der südlichen Seite sind an den Autos Nummernschilder von Vermont (USA) zu sehen, im Norden prangt auf ihnen das Motto Québecs – *„Je me souviens“* („Ich erinnere mich“).

„Das Lustige ist, dass die Grenzbeamten nicht eingreifen, wenn ich zu Fuß zu meiner amerikanischen Nachbarin auf der anderen Straßenseite hinübergehe, und umgekehrt auch nicht. Wenn ich aber mit dem Auto denselben Weg zurücklegen will, muss ich zuerst ans Ende der Straße fahren und dort durch die Grenzkontrolle“, erzählt Francyne Tougas, Inhaberin des Gasthofes La Grenouillère auf Québecer Seite der Rue Canusa.

In der Straße, deren Name sich aus den ersten Buchstaben von CANada und USA zusammensetzt, vollzieht sich ein eigenartiges Grenzspektakel. „Nach Ansicht des Smithsonian Institute, das kürzlich hier war, ist die Situation in Stanstead weltweit einzigartig. Normalerweise sind die bewohnten Regionen zweier Länder immer durch einen Fluss, eine Bergkette oder eine andere Barriere voneinander getrennt. Hier gibt es nur eine gelbe Linie auf dem Asphalt“, erklärt Francyne Tongas.

Fährt man nach Osten, befindet man sich aufseiten von Vermont und unterliegt technisch gesehen dem US-amerikanischen Gesetz. Fährt man jedoch nach Westen, gilt die Straßenverkehrsordnung von Québec.

Man sagt, die Landvermesser, die 1771 die Grenze zogen, seien eher Anhänger des Äthylismus als des Elitismus gewesen und hätten gepanschtem Kartoffelschnaps gefrönt – was zu zickzackförmigen und fehlerhaften Grenzverläufen führte. Daher auch die Legende, dass der Name der Stadt auf den Ausspruch „Stand steady!“ („Steh gerade!“) zurückzuführen sei ...

„Ich liebe die Philosophie, die Mischungen, die es hier gibt. Wir sind hier nicht in Kanada und auch nicht in den USA, sondern in Nordamerika. Und bei uns trennt die Grenze die Länder nicht, sondern verbindet sie“, so Francyne Tougas weiter.

Stanstead ist außerdem Mitglied des Vereins der schönsten Ortschaften von Québec.

STOP

Centre Touristique
de Stanstead
CUSTOMS

Häuser auf der Grenzlinie

In Stanstead gibt es sogar vier Häuser, die auf der Grenze stehen. Bei einem davon befindet sich das Wohnzimmer in den USA, während das Schlafzimmer in Kanada liegt. Während man also in den USA diskutiert, werden gleichzeitig vielleicht in Kanada Purzelbäume geschlagen.
„In der Vergangenheit erhielten viele Neugeborene die US-Staatsbürgerschaft, nur, weil ihre Mutter sie auf der Südseite ihres Hauses zur Welt brachte", erzählt Rachel Fecteau, geboren und aufgewachsen in Stanstead.

Die einzige amerikanische Bibliothek ohne Bücher

Zu den anderen „internationalen" Häusern auf der Grenze zählen die alte Butterfield-Fabrik, deren US-Teil weiter in Betrieb ist, während das kanadische Pendant geschlossen und nach Ontario verlagert wurde.
Das berühmteste Grenzgebäude ist jedoch jenes in der früheren Ortschaft Rock Island, in dem die Oper (in der die meisten Sitzplätze in den USA liegen, sich die Bühne jedoch auf kanadischer Seite befindet) und die Haskell-Bibliothek untergebracht sind. Die kanadische Mäzenin Martha Stewart Haskell ließ dieses Gebäude im Gedenken an ihren verstorbenen US-amerikanischen Ehemann bewusst rittlings auf den beiden Ländern errichten. Aufgrund seiner strategischen Lage wurde hier seit 1970 auch dreimal Gericht gehalten, immer dann, wenn an einem Prozess kanadische und amerikanische Beschuldigte beteiligt waren und man lästige Grenzformalitäten vermeiden wollte.
Das Freihandelsabkommen von 1988 wurde ebenfalls hier von Brian Mulroney und George Bush sr. unterzeichnet.
In der Bibliothek des Opernhauses durchzieht eine schwarze Linie den Holzboden. Sie ist eher pragmatischer als künstlerischer Natur. In den 1990er-Jahren kam es zu einem Brand, in dessen Folge sich ein fürchterlicher Kampf der beiden Versicherungsgesellschaften – die eine kanadisch, die andere US-amerikanisch – entspann, die jeweils eine Hälfte der Bibliothek abdeckten. Da niemand genau sagen konnte, in welchem Land der Brandherd lag, wurde eine genaue Grenzlinie durch das Gebäude gezogen, um herauszufinden, welche Versicherung zahlen musste.
Die Bibliothek ist außerdem die einzige in ganz Kanada, die keine Eingangstür besitzt (denn diese liegt in der Derby Line in Vermont), und die einzige in den USA, in der man keine Bücher findet (da diese auf kanadischer Seite in den Regalen auf Leser warten).

Florida
(USA)
Miami
Gulf
of Mexico
Nassau
Atlantic
Ocean
Key West
Straits of Florida
BAHAMAS
Havana
Pinar del Río
Santa Clara
Cienfuegos
Turks and
Caicos Islands
(GB)
CUBA
Ernst Thälmann
Island
MEXICO
Camagüey
Holguín
Manzanillo
Santiago
de Cuba
Cayman Islands
(GB)
HAITI
DOMINICAN
REPUBLIC
JAMAICA
N
Caribbean Sea
200 km

Ernst-Thälmann-Insel · Kuba

Einziger Überseebesitz der ehemaligen DDR und ein ungelöstes diplomatisches Problem …

Als der kubanische Diktator Fidel Castro 1972 auf Staatsbesuch in Ost-Berlin war, überreichte er seinen DDR-Genossen ein Geschenk: die kleine, schmale Insel Cayo Blanco del Sur, ein paar Meilen vor der Küste Kubas gelegen, etwa 15 km lang, mit einem Korallenriff, Leguanen und vom Aussterben bedrohten Wesensarten, aber keinen Menschen.

Castro benannte die Insel in Ernst Thälmann Island (Cayo Ernesto Thaelman auf Spanisch) um, nach dem zum Scheitern verurteilten Vorsitzenden der Kommunistischen Partei Deutschlands aus der Weimarer Zeit, der 1933 verhaftet und 1944 auf Befehl von Adolf Hitler in Buchenwald hingerichtet wurde. Thälmann wurde von Nachkriegszeit-Kommunisten als antifaschistischer Märtyrer verehrt und viele Straßen und Schulen in ganz Ostdeutschland und in der UdSSR wurden nach ihm benannt.

Später im Jahr 1972 enthüllte der ostdeutsche Botschafter in Kuba in einer Zeremonie an der Südküste der Insel eine Steinbüste von Thälmann vor einigen ostdeutschen und kubanischen Kameraden. Der Strand, an dem sie standen, wurde „Strand der Deutschen Demokratischen Republik" („Playa República Democrática Alemana") getauft.

Die Ernst-Thälmann-Insel war der einzige Überseebesitz der DDR und eine Zeit lang eine große Sache. 1975 reiste Frank Schöbel, der wohl größte Popstar der DDR, nach Kuba, um ein Musikvideo zu seinem Lied *Insel im Golf von Cazones* zu drehen. Das Video zeigte die Gedenkbüste von Thälmann und später tauchte in einer Dokumentation, die die große Freundschaft zwischen Kuba und Ostdeutschland feierte, Filmmaterial auf.

Anfang der 90er Jahre wurde die Berliner Mauer niedergerissen und in Deutschland der Papierkram zur Wiedervereinigung ausgearbeitet. Am 3. Oktober 1990 trat ein Vertrag über die Wirtschafts-, Währungs- und Sozialunion in Kraft, aber in keinem der Dokumente stand ein Wort über die Ernst-Thälmann-Insel. Tausende Kilometer entfernt in der Karibik schien sie vergessen und vernachlässigt worden zu sein.

Deutschland schwieg zum Thema Ernst-Thälmann-Insel bis 2001, als *Thema 1*, eine deutsche Online-Zeitung und Denkfabrik, einen Bericht veröffentlichte, in dem behauptet wurde, sie gehöre zum modernen Deutschland. Die ganze Insel war drei Jahre zuvor vom Hurrikan Mitch verwüstet worden, wobei die Büste von Thälmann umgeworfen worden und zerbrochen war.

Kuba, das immer noch unter kommunistischer Herrschaft stand, reagierte negativ auf den Artikel und verweigerte Journalisten den Zugang zur Insel mit der Behauptung, ihr Geschenk an Ostdeutschland sei nur symbolisch gewesen. Das deutsche Außenministerium stimmte dem zu und teilte dem Nachrichtendienst EFE mit, dass das Abkommen von 1972 zwischen den Ländern „kein Geschenk, sondern eine Namensänderung" gewesen sei. Seitdem scheint keines der Länder bereit zu sein, dieses Thema voranzutreiben.

Florida
(USA)
Miami
Gulf
of Mexico
Nassau
Atlantic
Ocean
Key West
Straits of Florida
BAHAMAS
Havana
Pinar del Río
Santa Clara
Cienfuegos
CUBA
Turks and
Caicos Islands
(GB)
MEXICO
Camagüey
Holguín
Manzanillo
Santiago
de Cuba
Guantanamo
Bay
Cayman Islands
(GB)
HAITI
DOMINICAN
REPUBLIC
JAMAICA
N
Caribbean Sea
200 km

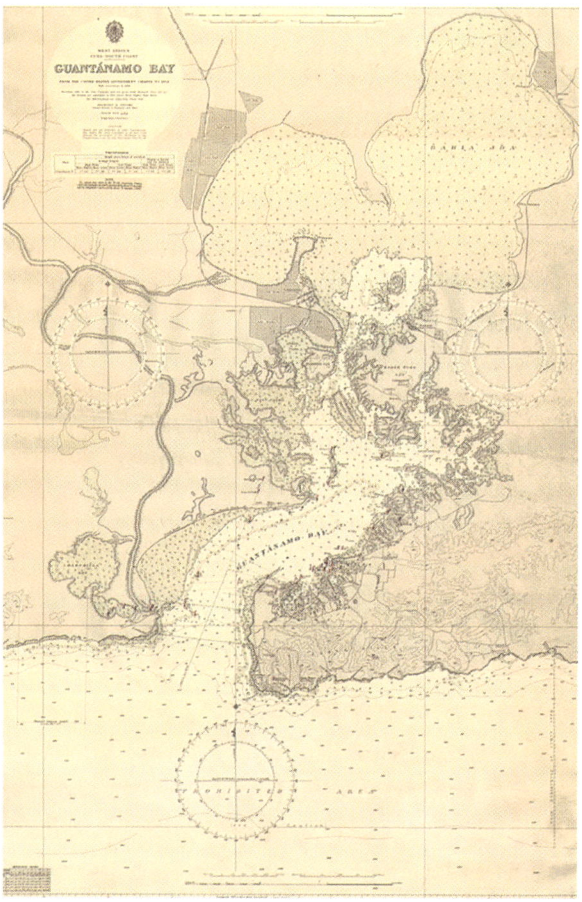
GUANTÁNAMO BAY

Guantanamo Bay • Kuba

Eine seit 1903 von den USA aus kontrollierte Enklave in Kuba

Guantanamo Bay (spanisch: Bahía de Guantánamo; 10.000 Einwohner, davon 4.000 US-Militärangehörige) liegt in der Provinz Guantanamo am südöstlichen Ende Kubas und ist eine berühmte, von den USA kontrollierte Enklave, umgeben von steilen Hügeln, die eine natürliche Exklave – abgeschnitten vom unmittelbaren Hinterland – bildet. Es ist der größte Hafen auf der Südseite der Insel.

Die Geschichte von Guantánamo geht auf den viermonatigen Spanisch-Amerikanischen Krieg im Jahr 1898 zurück. Seitdem ist es eine Quelle für Kontroversen.

Bis 1898 gehörte Kuba zu Spanien und als das spanische Reich schrumpfte, kämpften die Kubaner für ihre Unabhängigkeit. Die USA schlossen sich an, um ihrem Nachbarn zu helfen und obwohl sich der Spanisch-Amerikanische Krieg hauptsächlich auf die spanische Präsenz in den Philippinen konzentrierte, war Kuba Schauplatz des Untergangs der *USS Maine*, was zu einem amerikanischen Militäreinsatz führte. Als der Krieg endete, übergab Spanien den USA die Kontrolle über Kuba und andere Territorien wie Puerto Rico. Etwa drei Jahre später wurde Kuba eine unabhängige Nation. Diese Unabhängigkeit war jedoch nicht ohne Haken: Als Teil der Platt-Änderung (dem Dokument, das das Ende der Besatzung regelte) musste die neue kubanische Regierung Gebiete an die Vereinigten Staaten verpachten oder verkaufen. Ein Vertrag, der 1903 unterzeichnet und 1934 erneut bestätigt wurde, bedeutete, dass die USA Kubas „ultimative Souveränität" über die 117 Quadratkilometer große Enklave in der Provinz Oriente nahe dem südöstlichen Ende der Insel, d. h. Guantanamo Bay, anerkannten. Im Gegenzug überließ Kuba den USA „vollständige Gerichtsbarkeit und Kontrolle" durch einen unbefristeten Pachtvertrag, der nur im gegenseitigen Einvernehmen aufgehoben werden kann.

Als Fidel Castro in den 1950er Jahren an die Macht kam, gab es eine Zeit, in der das Schicksal von Guantanamo fraglich schien. Castro drohte damit, die Marine hinauszuwerfen, falls die USA sich weiterhin in die kubanische Wirtschaft einmischten. 1964 unterbrach er die Wasserversorgung der Enklave, worauf die US-Marine mit dem Bau eigener Wasser- und Kraftwerke reagierte.

Guantánamo kehrte in den 1990er Jahren in die Schlagzeilen zurück, als neue Bewohner erschienen: 1991 flohen nach einem Putsch in Haiti Tausende von Haitianern auf dem Seeweg in die Vereinigten Staaten. Im Dezember desselben Jahres wurde Guantanamo Bay zum Standort eines Flüchtlingslagers, das gebaut wurde, um Asylsuchende unterzubringen, während die Bush-Regierung überlegte, was mit ihnen geschehen sollte.

In den folgenden Jahren wurde das Lager zur Heimat Tausender einheimischer Kubaner, die ebenfalls versucht hatten, in die USA zu fliehen, um politisches Asyl zu erhalten. 1999, während des Konflikts auf dem Balkan (und nachdem die haitianischen und kubanischen Flüchtlinge nach Hause oder in die Staaten geschickt worden waren), stimmten die USA zu, 20.000 Balkanflüchtlinge in Guantanamo unterzubringen, bevor der Plan verworfen wurde.

Die Entscheidung, Al-Qaida-Häftlinge in Guantanamo unterzubringen, wurde kurz nach dem 11. September getroffen. Im Januar 2002 brachten die USA 20 afghanische Männer, die angeblich Mitglieder der Taliban oder Al-Qaida waren, zu ihrem Marinestützpunkt in Guantanamo. Bilder der an den Knien gefesselten Männer in orangefarbenen Overalls in Freiluftzellen mit Betonboden im Camp X-Ray verbreiteten sich um die ganze Welt.

In den folgenden Jahren kamen und gingen Hunderte. Im Jahr 2021, fast zwei Jahrzehnte nach der Eröffnung des Gefängnisses, waren 40 Männer dort übrig, bei Kosten von mehr als 10 Millionen US-Dollar pro Insasse pro Jahr.

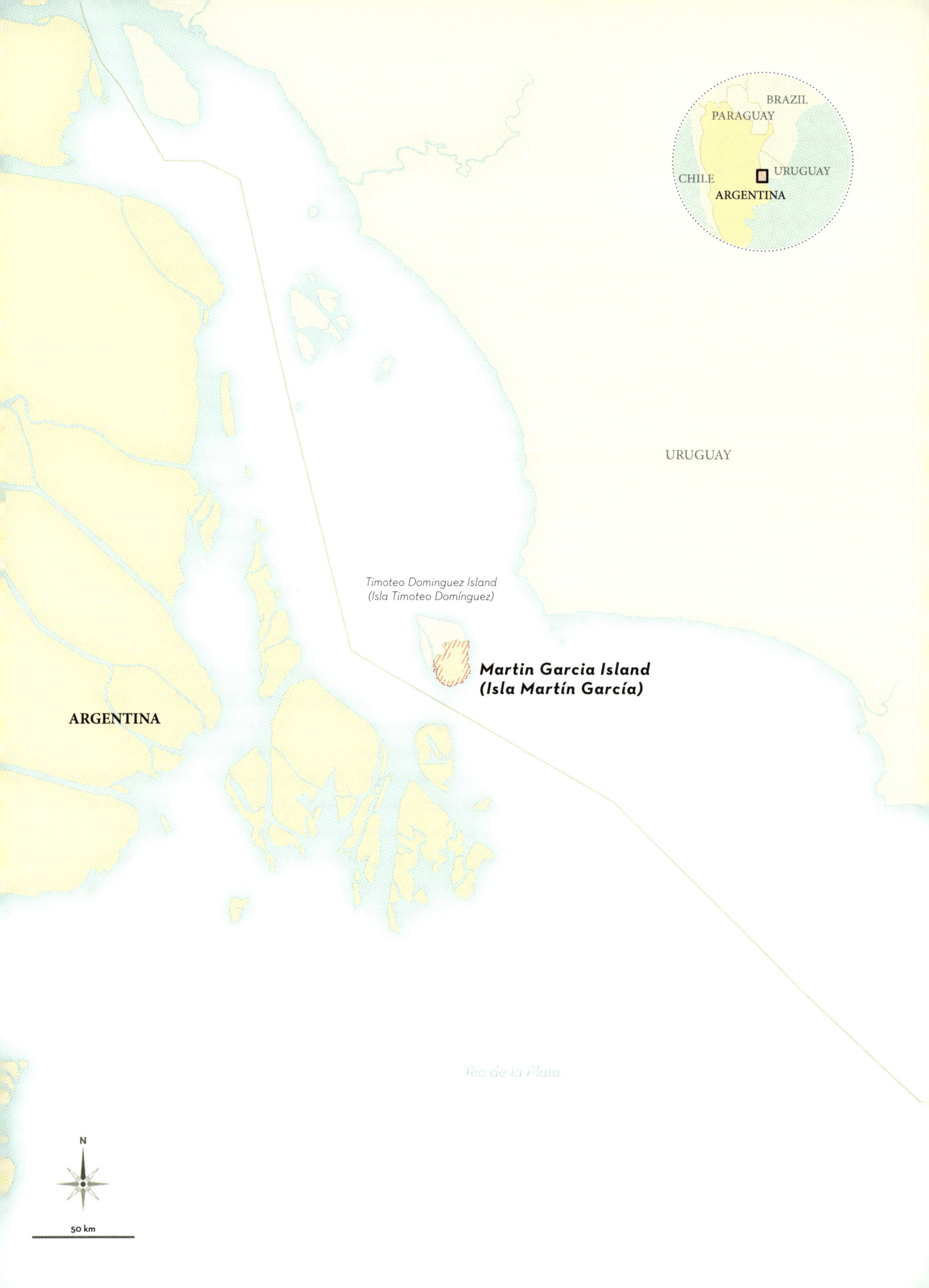
BRAZIL
PARAGUAY
CHILE
URUGUAY
ARGENTINA
URUGUAY
Timoteo Dominguez Island
(Isla Timoteo Domínguez)
Martin Garcia Island
(Isla Martín García)
ARGENTINA
Río de la Plata
N
50 km

Insel Martín Garcia · Argentinien/Uruguay

Die neue und einzige Landgrenze zwischen Argentinien und Uruguay

Isla Martín García oder Insel Martin Garcia mit 1,84 km² und 150 Einwohnern war bis vor kurzem eine argentinische Enklaven-Insel vor der Küste des Río de la Plata (River Plate) von Uruguay – innerhalb der Grenzen der uruguayischen Gewässer. 1973 schlossen beide Länder ein Abkommen, das Martin Garcia zum argentinischen Territorium und zum internationalen Naturschutzgebiet erklärte.

Die strategisch günstig gelegene Insel wurde in den 1820er Jahren von argentinischen Streitkräften verteidigt, um der brasilianischen Marine den Zugang zum Uruguay-Fluss zu verwehren. Dieser Festung mit dem Namen Constitución gelang es, die brasilianischen Verstärkungen während der Schlacht von Juncal zwischen dem 8. und 9. Februar 1827 in Schach zu halten, was den Argentiniern ermöglichte, das brasilianische Geschwader zu zerstören, das während des Argentinien-Brasilien-Krieges auf dem Uruguay-Fluss tätig war.

Mehrere argentinische Politiker wurden auf der Insel von verschiedenen Militärregierungen inhaftiert, darunter die Präsidenten Hipólito Yrigoyen (1930), Juan Perón (1945) und Arturo Frondiz (1962).

Seit Beginn des jetzigen Jahrtausends tauchte im Norden eine weitere Sedimentinsel auf, Timoteo Domínguez, die sich schließlich der ursprünglichen Insel Martin Garcia anschloss, die jahrzehntelang unter Wasser gewachsen war, als sich die von den mächtigen Flüssen Parana und Uruguay mitgebrachten Sedimente in der Flussplatte ansammelten.

Praktisch bedeutet dies, dass sich die Inseln in der Mitte des River Plate zusammengeschlossen haben und die einzige bestehende Landgrenze (oder „trockene“) Grenze bilden, obwohl sie zwischen Argentinien und Uruguay teilweise unter Wasser liegen und bis dahin durch den Fluss Uruguay und den River Plate getrennt waren.

So begannen Uruguay und Argentinien im Sommer 2019 – zum ersten Mal in der Geschichte – offiziell eine Landgrenze zu teilen.

© Silvinarossello - Own work, Wikimedia Commons

© Bjørn Christian Tørrissen

Svalbard • Norwegen

Ein norwegisches Territorium, in dem jedes Land lokale Ressourcen frei nutzen kann

Svalbard, ein norwegischer Archipel im Arktischen Ozean, zwischen Grönland im Westen, dem Franz-Joseph-Archipel im Osten und Kontinentaleuropa im Süden, bietet jedem Land die einzigartige Möglichkeit, die lokalen Ressourcen auszubeuten.

Dieser Status hat seinen Ursprung im Spitzbergen-Vertrag (9. Februar 1920), der die Souveränität Norwegens über das Territorium anerkennt, im Austausch für eine Klausel, nach der das Territorium zur „entmilitarisierten Zone" erklärt wurde, zusätzlich zur Autorisierung für Bürger verschiedener Länder, natürliche Ressourcen „absolut gleichberechtigt" auszunutzen. Die kohlereiche Region war tatsächlich Gegenstand territorialer Kämpfe zwischen Großbritannien, Dänemark, den Niederlanden und Norwegen gewesen.

Heute macht aus geopolitischen Präsenzgründen nur Russland von diesem Recht Gebrauch, indem es weiterhin Kohle fördert, wenn auch mit Verlust: Russland hat nach langem Ausbeuten einer ähnlichen Niederlassung in Pyramiden (aufgegeben im Jahr 2000) nur noch eine Betriebsstätte in Barentsburg.

Bis in die 1990er Jahre war die russische Bevölkerung in Spitzbergen zahlreicher als die norwegische Bevölkerung, aber das ist nicht mehr der Fall. Heute ist die Mehrheit der 2.500 Bewohner Norweger, trotz der Anwesenheit von etwa 800 russischen und ukrainischen Bürgern sowie fünfzehn polnischen Wissenschaftlern.

Nachdem Norwegen 1925 die vollständige Verwaltung des Archipels erhalten hatte, beschloss es, Svalbard (wörtlich „kalte Küste" auf Isländisch) umzubenennen und reservierte den Namen Spitzbergen („scharfer Berg") für die Hauptinsel des Archipels, die bisher Westspitzbergen genannt wurde. Es ist das nördlichste Land Norwegens, 500 km nördlich der norwegischen Festlandküste.

Sein einzigartiger Status hat auch andere praktische Konsequenzen: Es unterliegt nicht der norwegischen Besteuerung, sein Gebiet gehört nicht zu dem Norwegens und es ist kein Mitglied des Schengen-Raums oder der Europäischen Freihandelszone (EFTA). Ausländer werden auch ohne Touristenvisum oder Arbeitserlaubnis akzeptiert.

Obwohl einige Quellen von einer Entdeckung des Archipels durch die Isländer oder die Russen im 13. Jahrhundert sprechen, wurde die erste unbestrittene Entdeckung des Archipels durch den niederländischen Seefahrer Willem Barents im Jahr 1596 gemacht. Dieser gab der Barentssee, zwischen Norwegen, Svalbard und der Insel Nova Zemlya (Russland), seinen Namen.

Die Inseln dienten im 17. und 18. Jahrhundert als internationale Basis für den Walfang. Sie dienen auch als Basis für viele arktische Erkundungsexpeditionen.

Svalbard war Schauplatz eines unbekannten Kampfes zwischen dem Dritten Reich und den Alliierten: 1942 von Schottland aus durch Norwegen geführt, zielte die Operation Fritham darauf, die Deutschen daran zu hindern, Luftwaffenstützpunkte im Archipel zu errichten und die reichen Kohleminen der Insel zu erobern.

Seit Februar 2008 beherbergt das Gebiet auch den Svalbard Global Seed Vault, eine Saatgutbank im Besitz der norwegischen Regierung, die von der Rockefeller Foundation, der Syngenta Foundation und verschiedenen privaten Organisationen finanziert wird. Diese Saatgutbank konserviert (bei −18 °C) Baumsamen und alle Nahrungspflanzen auf dem Planeten. In dem 120 Meter unter der Erde gelegenen Bunker befanden sich Anfang 2017, überwiegend aus landwirtschaftlichem Ursprung, 930.000 verschiedene Sorten.

© Stiller Beobachter

© Einar Jørgen Haraldseid

Märket Island
Åland
FINLAND
Helsinki
Stockholm
Tallinn
SWEDEN
ESTONIA
Baltic
Sea
RUSSIA
LATVIA
Riga
Gotland
LITHUANIA
KALININGRAD
(RUSSIA)
Vilnius
Gdansk
BELARUS
POLAND
Warsaw
N
500 km
UKRAINE

Insel Märket • Schweden/Finnland

Eine kleine Insel, die zwischen Finnland und Schweden aufgeteilt ist

Märket ist ein 3,3 Hektar großer Felsbrocken oder „Schäre“ in der Passage zwischen Schweden und Finnland, die den Bottnischen Meerbusen mit der Ostsee verbindet. Die unbewohnte Insel ist zwischen den beiden Ländern aufgeteilt, seit der Vertrag von Fredrikshamn von 1809 die Grenze zwischen Schweden und dem Russischen Reich definierte, das damals von Finnland regiert wurde. Als die Grenze von den Unterzeichnern des Vertrages gezogen wurde, verlief sie rein zufällig quer durch Märket.

Die Insel liegt in der Mitte der 11 km breiten und 27 km langen Passage Understen–Märket und war wahrscheinlich eine nützliche Navigationsmarke, weshalb sie auf Schwedisch Märket (die Marke) genannt wurde. Um mehr aus der Insel als Navigationshilfe herauszuholen, bauten die Russen 1885 einen Leuchtturm. Zufälligerweise wurde das Bauwerk nicht auf der finnischen, sondern auf der schwedischen Seite der Insel gebaut. Die de-facto-Grenzverletzung setzte sich nach der Unabhängigkeit Finnlands 1917 fort und wurde erst 1981 behoben. Die Lösung war genial: Anstatt die Souveränität über den Leuchtturm an Schweden zu übertragen oder ihn physisch auf die finnische Seite zu verlegen, wurde die Grenze der Insel selbst neu gezogen.

Zwei Bedingungen mussten erfüllt werden: Die Seegrenze sollte sich nicht ändern, um die bestehenden Fischereirechte zu wahren, und jedes Land sollte einen ähnlich großen Anteil des Territoriums behalten. Das Ergebnis war ein komplizierter Landtausch, bei dem die ehemals gerade Grenze Z-förmig blieb. Der Leuchtturm steht jetzt auf der finnischen Seite, in einem neuen Teil Finnlands westlich der ehemaligen Grenze. Daneben befindet sich östlich der ursprünglichen Grenzlinie ein Teil Schwedens.

Seltsamerweise markieren keine Grenzmarkierungen die Grenze auf Märket, aber es wurden zehn Löcher in den Felsen gebohrt, um ihre Windungen und Wendungen anzuzeigen. Denn alles, was weniger robust und dauerhaft ist, würde von den häufigen Stürmen und dem rauen Winterwetter schnell aufgefressen. Das Wetter und das Meer sind so stark, dass die Form der Insel ständigen Veränderungen unterliegt. Alle 25 Jahre untersucht eine binationale Kommission die Insel und führt alle erforderlichen Grenzänderungen durch.

Lake
Saimaa
Imatra
Joutseno
Svetogorsk
Lappeenranta
Saimaa Canal
Lake
Nuijamaa
FINLAND
RUSSIA
Vyborg
Maly Vysotsky Island
(Ravansaari)
Vysotsk
N
Gulf
of Finland
20 km
SWEDEN
FINLAND
RUSSIA
ESTONIA
LATVIA

Saimaa-Kanal • Russland/Finnland

Ein von Russland an Finnland verpachteter Kanal,
der durch russisches Territorium führt

Der Saimaa-Kanal verbindet den Saimaa-See (Finnland) mit dem Finnischen Meerbusen in der Nähe der Stadt Wyborg (Russland). Der Kanal ist 43 km lang und verbindet ein System von Binnenwasserstraßen und Kanälen in den 120 miteinander verbundenen Seen in Südmittel- und Südostfinnland (finnische Seenplatte). Fast die Hälfte des Kanals (19,6 km) verläuft durch Land, das von Russland an Finnland verpachtet wurde. Dieses Gebiet ist nicht Teil der EU.

Die einzigartige Situation eines Kanals, der langfristig von einem Land an ein anderes Land verpachtet wurde, geht auf die Zeit seiner Entstehung zwischen 1845 und 1856 zurück. Damals verband er Lappeenranta und Viipuri (das heutige Wyborg in Russland), die beide Teil des autonomen Herzogtums Finnland waren.

Im Moskauer Friedensvertrag von 1940 trat Finnland die Karelische Landenge und Wyborg an die Sowjetunion ab. Die Kontrolle über den Kanal wurde geteilt und der Verkehr endete.

Um die kontinuierliche Nutzung dieses wichtigen Kommunikationskanals zu gewährleisten, erhielt Finnland 1963 einen 50 jährigen Pachtvertrag für den sowjetischen Teil des Kanals und auch die Insel Maly Vysotsky. Finnland baute einen tieferen, 43 km langen Kanal, der 1968 eröffnet wurde.

Im Jahr 2008 erhöhte Russland die Jahrespacht von 290.000 € auf 1,22 Millionen, mit Revisionen alle zehn Jahre. Im Jahr 2010 erhielt Finnland ab 2013 einen zweiten 50-jährigen Pachtvertrag von Russland, wobei Maly Vysotsky Island mit eingeschlossen war. Nach dem letzten von der finnischen und der russischen Regierung unterzeichneten Vertrag gilt in diesem Gebiet russisches Recht, mit einigen Ausnahmen für Seeverkehrsvorschriften und die Beschäftigung von Kanalpersonal, die unter die finnische Gerichtsbarkeit fallen. Es gibt auch Sonderregeln für ausländische Schiffe, die über den Kanal nach Finnland fahren. An den internationalen Grenzen sind Reisepässe erforderlich, aber für die Durchfahrt durch den Kanal ist kein russisches Visum erforderlich. Ein Reisepass muss jedoch an der Grenze vorgezeigt und kontrolliert werden. Für die Kanalgebühren werden Euro akzeptiert.

FINLAND
ESTONIA
RUSSIA
LATVIA
LITHUANIA
BELARUS
Värska Parish
Verhulitsa
RUSSIA
Lutepää
Saatse Boot
Sesniki
ESTONIA
N
RUSSIA
5 km

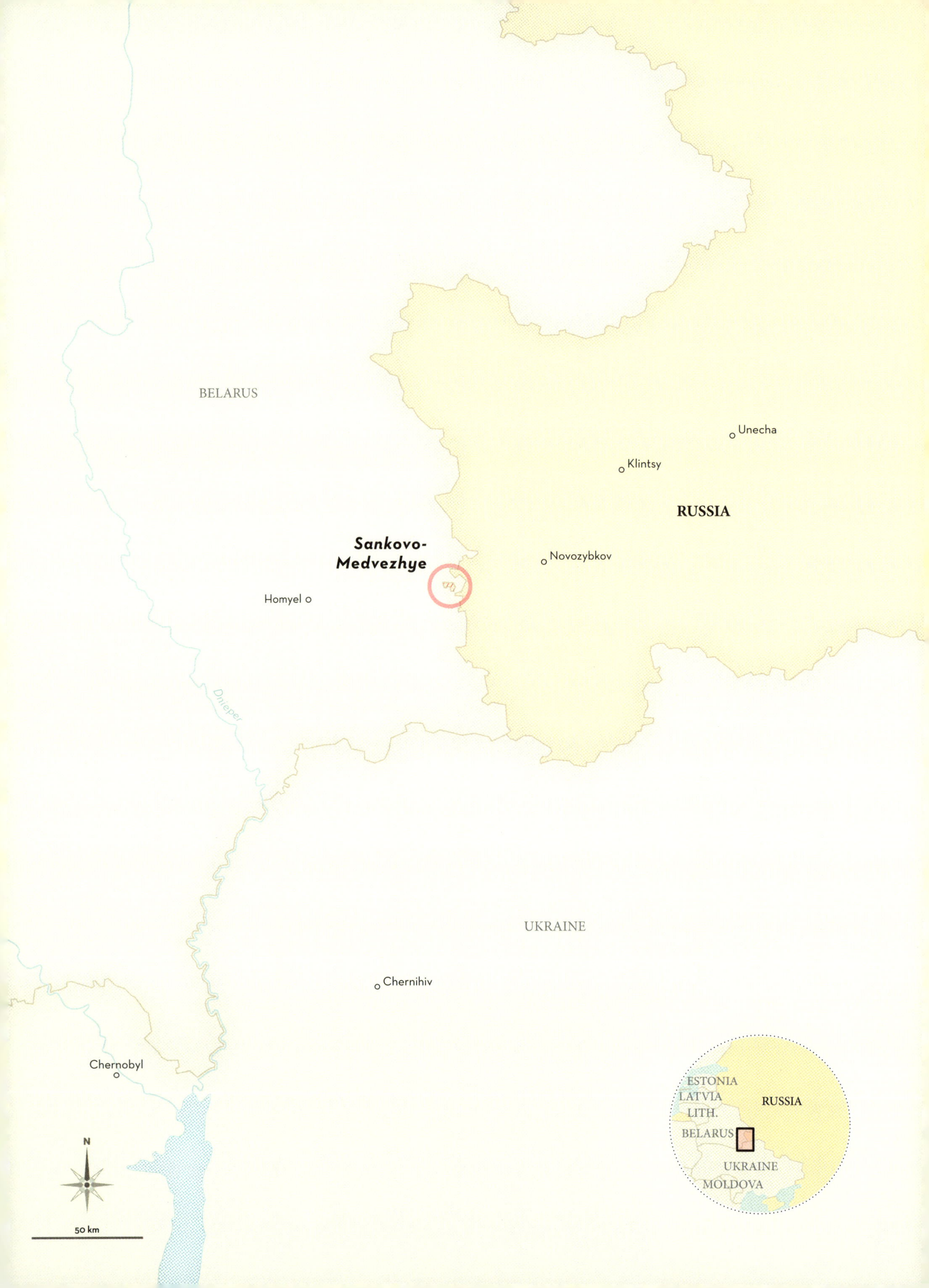

BELARUS
Unecha
Klintsy
RUSSIA
Sankovo-
Medvezhye
Novozybkov
Homyel
Dnieper
UKRAINE
Chernihiv
Chernobyl
N
50 km
ESTONIA
LATVIA
LITH.
RUSSIA
BELARUS
UKRAINE
MOLDOVA

Sankovo-Medvezhye · Russland/Weißrussland

Russlands einzige existierende Exklave

Sankovo-Medvezhye mit 4,5 km^2 ist Teil des Zlynkovsky-Bezirks des Oblast Brjansk, nur 800 Meter von der russischen Grenze entfernt, in einer unbesiedelten russischen Exklave in Weißrussland.

Der Name der Exklave kommt von den Dörfern Sankovo und Medvezhye, die zu Sowjetzeiten existierten.

Die Ursprünge der beiden Siedlungen lassen sich heute kaum feststellen, da sich unterschiedliche Versionen auf unterschiedliche Ereignisse beziehen, aber alle darauf hinauslaufen, dass ein paar Russen dieses Stück Land kauften, um sich niederzulassen.

Nach dem Zweiten Weltkrieg wurden die Siedlungen vom Rest des russischen Territoriums abgeschnitten, da ein Landstreifen, der sie mit dem Mutterland verband, offiziell der Weißrussischen Sowjetrepublik übertragen wurde. Die Änderung hatte keine wirklichen Auswirkungen auf das Leben der Einheimischen, da Russland und Weißrussland beide Teile der UdSSR waren.

Es war eine sehr kompakte Siedlung mit Kolchose, Klub, Geschäft und Friedhof. Außerdem hatte jeder Bewohner einen der vier in der Gegend gebräuchlichen Familiennamen: Dobrodei, Pesenko, Molchanov oder Sprawtsev.

Bald jedoch war die enge Gemeinschaft gezwungen, umzusiedeln. Als sich 1986 die Katastrophe von Tschernobyl ereignete, waren große Gebiete der Ukraine, Russlands und Weißrusslands von den Folgen der Explosion betroffen. Nahe der Grenze dieser drei Staaten gelegen, mussten die Dörfer Sankovo und Medvezhye evakuiert werden.

Als die beiden Dörfer verlassen wurden, verfielen die Häuser. Heute lebt niemand mehr in dieser Gegend, da sie immer noch als verseucht und gefährlich gilt.

Es ist möglich, die Exklave mit Genehmigung der belarussischen Behörden unter Angabe eines Besuchsgrundes zu besuchen, da das russische Stück Land vom kontaminierten belarussischen Wald umgeben ist, an dem kein Weg vorbeiführt.

FINLAND
Åland
Helsinki
Stockholm
Tallinn
SWEDEN
ESTONIA
Baltic
Sea
RUSSIA
Gotland
LATVIA
Riga
LITHUANIA
Kaliningrad
(RUSSIA)
Vilnius
Gdansk
BELARUS
POLAND
Warsaw
N
500 km
UKRAINE

Oblast Kaliningrad • Russland

Eine einzigartige territoriale, administrative und historische Einheit

Gemäß der Definition von Enklaven/Exklaven (siehe Seite 7) von Dr. Honore Marc Catudal aus seiner Monografie *The Exclave Problem of Western Europe* (University of Alabama Press, 1979) ist „Eine Exklave ein Teil eines Staates, der vollständig vom Territorium eines anderen Staates umgeben ist. Sie kann nicht an einem internationalen Fluss oder Meeresküste liegen, eine Grenze mit einer anderen Exklave teilen oder an zwei oder mehr Länder grenzen [...] Eine Exklave kann sich niemals völlig selbst verwalten, sondern muss irgendwie dem Heimatstaat oder Mutterland untergeordnet sein. "

Nach dieser Definition ist die Region Kaliningrad (mit knapp 1 Million Einwohnern) – ein keilförmiges Stück Land entlang der Ostsee zwischen Polen und Litauen mit 145 km Ostseeküste, obwohl sie häufig als Exklave Russlands bezeichnet wird, ein abgetrenntes Gebiet Russlands, das durch Teile von Lettland und Belarus von Russland separiert ist. Ob Enklave/Exklave oder nicht, Kaliningrad ist eine einzigartige territoriale, administrative und historische Einheit.

Die Stadt, die vor ihrer Angliederung an die Sowjetunion von Deutschland nach dem Zweiten Weltkrieg als Königsberg bekannt war, wurde 1255 nahe der Mündung des Flusses Pregolya gegründet. Der Philosoph Immanuel Kant wurde 1724 in Königsberg geboren.

Königsberg, die Hauptstadt von Deutsch-Ostpreußen, war die Heimat eines großen preußischen Königsschlosses, das zusammen mit einem Großteil der Stadt im Zweiten Weltkrieg zerstört wurde.

Königsberg wurde 1946 nach Michail Kalinin, dem symbolischen (im Gegensatz zu Stalin) „Führer" der Sowjetunion von 1919 bis 1946, in Kaliningrad umbenannt. Zu dieser Zeit wurden die in der Oblast lebenden Deutschen vertrieben, um durch Sowjetbürger ersetzt zu werden. Es gab zwar schon früh Vorschläge, den Namen Kaliningrad wieder in Königsberg umzuändern, aber keiner hatte Erfolg.

Der eisfreie Hafen Kaliningrad an der Ostsee wurde zur Heimat der sowjetischen Ostseeflotte. Während des Kalten Krieges waren 200.000 bis 500.000 Soldaten in der Region stationiert. Heute besetzen nur 25.000 Soldaten Kaliningrad, ein Indikator für die Verringerung der wahrgenommenen Bedrohung durch NATO-Staaten.

In den 1970er Jahren versuchte die UdSSR, in Kaliningrad ein 22-stöckiges Haus der Sowjets zu errichten, eines der hässlichsten Gebäude auf russischem Boden, aber das Gebäude wurde auf einem Gelände mit vielen unterirdischen Tunneln errichtet und begann, langsam einzustürzen. Es steht immer noch dort, unbewohnt.

Nach dem Fall der UdSSR erlangten das benachbarte Litauen und die ehemaligen Sowjetrepubliken ihre Unabhängigkeit und schnitten Kaliningrad von Russland ab. Kaliningrad sollte sich in der postsowjetischen Ära zu einem Porto Franco' und „Hongkong des Baltikums" entwickeln, doch die alles durchdringende Korruption verhinderte die meisten Investitionen.

Die in Südkorea ansässige Kia Motors hat eine Autofabrik in Kaliningrad, wo noch einige Königsberger Gebäude aus der Zeit vor dem Zweiten Weltkrieg stehen, darunter der berühmte Zoo, der Bahnhof, ein paar Brücken und eine Handvoll beeindruckender Vorstadthäuser.

Die noch verbliebenen, von den Deutschen gebauten Straßen und Autobahnen aus der Zeit vor dem Zweiten Weltkrieg, sind den neu angelegten sowjetischen und russischen noch immer weit überlegen.

Die Stadt Baltijsk (deutscher Name Pillau) vor den Toren Kaliningrads, ehemals eine „geheime" sowjetische, für alle Ausländer geschlossene Stadt, der einzige russische Ostseehafen, von dem gesagt wird, dass er das ganze Jahr eisfrei ist, spielt eine wichtige Rolle in der Wartung der baltischen Flotte, von welcher der Großteil hier stationiert ist.

Dnieper
Vinnytsya
UKRAINE
Southern Bug
Balti
Rybnitsa
Suceava
Dniester
Transnistria
MOLDOVA
Dubasari
Chisinau
Mykolayiv
Prut
Benderi
Tiraspol
Odessa
ROMANIA
Galati
Reni
Tulcea
Danube
Black Sea
N
Constanta
BULGARIA
100 km

Transnistrien

Das Land, das es eigentlich nicht gibt

Die selbsternannte Republik Transnistrien mit 470.000 Einwohnern liegt im offiziellen Hoheitsgebiet der Republik Moldau, im östlichen Teil der ehemaligen Sowjetrepublik Moldau an der Grenze zur Ukraine und ist seit 1991 (Ende der UdSSR) de facto ein unabhängiger Staat. Obwohl es von der UNO nicht anerkannt ist, hat es eine eigene Grenze, Armee, Währung, eigene Briefmarken usw.
Zunächst stand es unter der Kontrolle der Kiewer Rus (bis Ende des 13. Jahrhunderts) und dann des polnisch-litauischen Commonwealth (1569–1795). Infolge zahlreicher Kriege und Annexionen gliederte Russland zu Beginn des 19. Jahrhunderts sowohl Bessarabien – eine historische Region, die im Osten vom Fluss Dnjestr und im Westen vom Fluss Prut begrenzt wird – als auch Transnistrien ein, jedoch mit jeweils unterschiedlichen Verwaltungen. Nach der Russischen Revolution 1917 wurde Bessarabien eine „Moldauische Demokratische Republik" (MDR). Als autonome Einheit erklärte es seine Unabhängigkeit und vereinigte sich 1918 mit Rumänien. Die rumänische Herrschaft über Bessarabien wurde jedoch von der neu gegründeten (1921) UdSSR nicht anerkannt, die Transnistrien als Teil der Sowjetunion betrachtete. Im Jahr 1940 gliederte die UdSSR Bessarabien ein, dessen südlicher Teil an die Ukrainische SSR überging. Der Rest wurde eine „Moldawische Sozialistische Sowjetrepublik" (MSSR) innerhalb der Sowjetunion.
Die moldauische SSR wurde aus einem Teil Bessarabiens (von Rumänien am 28. Juni nach dem Molotow-Ribbentrop-Pakt übernommen), wo die Mehrheit der Bevölkerung Rumänisch sprach und einem Landstreifen am linken Ufer des Dnjestr in der Ukrainischen SSR, der ihr 1940 übertragen wurde und in etwa dem heutigen Transnistrien entsprach, gebildet.
Nachdem die Achsenmächte 1941 in Bessarabien einmarschiert waren, erlangte Rumänien die Kontrolle über die gesamte Region zwischen den Flüssen Dnjestr und Südlicher Bug, einschließlich der ukrainischen Stadt Odessa. Das Territorium, das Gouvernement Transnistrien genannt wurde, wurde in 13 Landkreise geteilt.

Das Gebiet wurde im Frühjahr 1944 zurückerobert, als die sowjetische Armee vorrückte und die Achsenmächte vertrieb. Nach dem Krieg entwickelte sich die Spaltung, die durch die im Vergleich zu Bessarabien überproportionale Ansiedlung von Russischsprachigen in Transnistrien (bis zu 300.000 Siedler in der MSSR in der Zeit von 1944 bis 1959) entstand, weiter und wurde in den 1980er Jahren zu einer zunehmenden Quelle von Spannungen.

Nach dem Zusammenbruch der UdSSR (1991) war Transnistrien hauptsächlich von ethnischen Russen und Ukrainern bevölkert, die sich weigerten, in das neue, unabhängige Moldawien eingegliedert zu werden, das Rumänisch als Landessprache hatte (wobei die moldauische Sprache offiziell als Dialekt des Rumänischen gilt). Es folgte ein militärischer Konflikt mit Moldawien.

Die kriegführenden Seiten wurden schließlich 1992 durch die Intervention der 14. russischen Armee unter dem Kommando von General Alexander Lebed – einem beliebten und charismatischen sowjetischen Führer – getrennt. Die Einsatzgruppe der russischen Armee mit 1.500 Soldaten ist immer noch in Transnistrien stationiert.

Die Gegend, die einst für ihren guten Wein berühmt war, umfasst zwei Städte (Tiraspol und Benderi) und zahlreiche Dörfer und Städte, in denen Lenin-Denkmäler noch immer die Straßen schmücken. Fast alles – einschließlich einiger illegaler Waffengeschäfte – steht unter strenger Kontrolle des Staates und des KGB (Geheimpolizei) nach sowjetischem Vorbild.

Das Leben in der Republik ist düster, dennoch wird die Militärhysterie ständig geschürt und Jugendliche werden zwangsweise in die örtliche „Armee" nach Kosaken-Vorbild rekrutiert, um sich auf eine endgültige Machtprobe mit Moldawien vorzubereiten.

Viele der Besucher Transnistriens (jährlich ca. 20.000) kommen auf einen Tagesausflug aus Moldawien. Tatsächlich ist es einfach, Transnistrien von Chisinau nach Tiraspol mit visafreier Einreise zu besuchen (eine Hotelreservierung muss an den vom transnistrischen Militär unterhaltenen Grenzposten vorgelegt werden, um länger als einen Tag zu bleiben).

Bei der Wahl am 15. November 2020 gewann die pro-westliche Maia Sandu – und eliminierte somit Präsident Igor Dodon –, die in Harvard ausgebildete ehemalige Premierministerin verkündete sofort, sie wolle die russischen Friedenstruppen aus Transnistrien abziehen, aber diese Forderung wurde vom Kreml nicht gut aufgenommen.

Hüfingen
GERMANY
Engen
Blumberg
Tengen
Singen (Hohentweil)
Büttenhardt
Thayngen
Herblingen
Ramsen
Schaffhausen
Büsingen
Bodensee
(Lake Constance)
Neuhausen
Büsingen
am Hochrhein
Rhein
Frauenfeld
SWITZERLAND
Winterhur
GERMANY
FRANCE
SWITZERLAND
AUSTRIA
ITALY
N
10 km
Zürich

Büsingen am Hochrhein · Deutschland/Schweiz

Eine Enklave, in der man Getränke in Deutschland bestellen und in der Schweiz konsumieren kann – aber die Einwohner können es sich wahrscheinlich nicht leisten …

Büsingen am Hochrhein hat 1.450 Einwohner und ist auf Karten schwer zu finden. Die kleine deutsche Enklave ist ein Vorort der Schweizer Stadt Schaffhausen, wo die Einwohner von Büsingen routinemäßig einkaufen. Im Raum Büsingen-Schaffhausen gerät die sonst so unberechenbare Schweiz-deutsche Grenze ganz aus dem Ruder. Sie verläuft sogar quer durch den Biergarten einer Kneipe mit Tischen in der Schweiz und der Theke in Deutschland. Der Grund für diesen Grenzwahn ist, dass Büsingen wirtschaftlich schweizerisch, aber politisch deutsch ist. Es ist kein Mitglied der EU, sondern hat eine Zollunion mit der Schweiz. Büsingen ist aus dem EU-Umsatzsteuergebiet ausgeschlossen, daher gilt grundsätzlich die schweizerische Mehrwertsteuer. Infolgedessen müssen Büsinger, die in Schweizer Franken bezahlt werden, aber überwiegend deutsche Staatsbürger bleiben, hohe deutsche Einkommenssteuern zahlen. Die meisten Einheimischen sind sich einig, dass das Wahnsinn ist. Natürlich steht es den Büsingern frei, in der Schweiz einzukaufen, aber wer dort arbeiten (geschweige denn leben) will, braucht eine Bewilligung, die in der Regel schwer und erst nach vielen Jahren zu bekommen ist. Deutscher Erfindungsreichtum und Praktikabilität helfen den Büsingern, die Last ihrer Dualität zu mindern, wenn auch nur geringfügig.

© Hansueli Krapf

Die Dorfbewohner haben ihre eigenen Autokennzeichen – „BUS", aber zwei Postleitzahlen: schweizerisch und deutsch. Im Dorfzentrum, neben dem modernen Bürgerhaus, befinden sich die Telefonzellen von Swisscom und der Deutschen Telekom, die den Einheimischen die Kosten für Auslandsgespräche ersparen, wenn sie das nächste Kino oder den nächsten Supermarkt anrufen. Die Bewohner des modernen Büsingen ernten in ihren täglichen Prüfungen die Folgen des unversöhnlichen Stolzes ihrer eigenen Vorfahren – besser bekannt als Sturheit. Im April 1693 wurde Eberhard Im Thurn, ein Volksfürst des damaligen österreichischen Büsingen, entführt und in Schaffhausen wegen eines religiösen Vergehens, das die Dorfbewohner verärgerte, inhaftiert. Er wurde 1699 entlassen, aber die Büsinger waren nachtragend und als Schaffhausen 1723 versuchte, das Dorf in die Schweizerische Eidgenossenschaft einzugliedern, lehnten sie ab. Schließlich fiel Büsingen unter deutsche Kontrolle, wo es als lebender Vorwurf gegenüber Schaffhausen für die Misshandlung seines führenden Bürgers bleibt. Während der napoleonischen Ära kämpften französische, österreichische und russische Truppen um die Kontrolle von Büsingen, das häufig den Besitzer wechselte. Französische Truppen waren zeitweise im Dorf einquartiert und der russische Zar Alexander plünderte es auf der Suche nach Proviant. Nach dem Frieden von Pressburg 1805 wurde Büsingen württembergisch und fünf Jahre später dem Großherzogtum Baden einverleibt. Dieses ging 1871 in das Deutsche Reich über. Seit dem Ende des Ersten Weltkriegs haben sich die Büsinger für die Eingliederung in die Schweiz eingesetzt, die von der Polizei der Weimarer Republik unterdrückt und von Hitlers Regierung ignoriert wurde. In einer interessanten Episode kurz nach dem Zweiten Weltkrieg entdeckten die französischen Besatzungsbehörden Büsingen und wollten es haben. Obwohl es von der neutralen Schweiz umgeben war, gehörte es rechtlich zu ihrer Besatzungszone in Deutschland. Die Schweizer, die eine Verletzung ihrer hochgeschätzten Neutralität befürchteten, versperrten den Franzosen und jeglichen anderen ausländischen Truppen den Zugang zu Büsingen. Nach langwierigen Verhandlungen wurde eine Einigung erzielt und ein Trupp französischer Soldaten durfte Schweizer Territorium überqueren, um das Dorf zu besetzen. Der von Deutschland ernannte Nachkriegsbürgermeister von Büsingen – Herr Hugo, ein Ingenieur aus Hannover – stellte sich unerwartet auf die Seite der Dorfbewohner in ihrer pro-schweizerischen Haltung. Er änderte sogar alle deutschen Ortsschilder in schweizerische. Nach zwei Monaten wurde der eigenwillige Bürgermeister von den deutschen Behörden abberufen, weigerte sich jedoch, Büsingen zu verlassen und lebte dort bis zu seinem Tod 1959 als selbstständiger Bürger.

© Hansueli Krapf

Hüfingen
GERMANY
Engen
Blumberg
Tengen
Verenahof
Singen (Hohentweil)
Büttenhardt
Thayngen
Herblingen
Ramsen
Büsingen
Schaffhausen
Bodensee
(Lake Constance)
Neuhausen
Rhein
Frauenfeld
SWITZERLAND
Winterhur
GERMANY
FRANCE
SWITZERLAND
AUSTRIA
ITALY
N
10 km
Zürich

Verenahof • Deutschland

Eine wenig bekannte und friedliche Neuziehung der deutschen Grenze nach dem Zweiten Weltkrieg

Disenklavierung ist ein Prozess der Absorption einer Enklave oder einer Exklave durch den Heimat- oder Gaststaat. Die einzige europäische Enklave, die in den letzten 70 Jahren ihren Status verloren hat, ist Verenahof – ein etwa 18 Hektar großes Stück Ackerland, das bis 1967 Teil der deutschen Gemeinde Wiechs an den Randen bei Buttenhardt war, etwa 450 Meter von der deutschen Grenze entfernt, d. h. eine vollwertige deutsche Enklave in der Schweiz. Ihre Ursprünge reichen bis ins Mittelalter zurück, als die Verena-Kirche (oder laut einer anderen Quelle Nonnenkloster) diesen Teil des unbebauten Landes besaß.

Der höchst ungewöhnliche Status des Verenahofs war das Ergebnis der extremen Unregelmäßigkeit der deutsch-schweizerischen Grenze, die im Gegensatz zu den meisten „normalen" Grenzen nicht den Gegebenheiten der Landschaft zu folgen scheint, sondern unerwartete Krümmungen und Zickzacks aufweist.

Im Laufe der Jahrhunderte gab es zahlreiche vergebliche Versuche beider Länder, sie zu begradigen, und während eines Versuchs wurde der Verenahof zu einem Streitpunkt.

Schaffhausen (in der Schweiz) hatte zwei Chancen, den Verenahof zu erwerben: im Jahr 1516 und 1522, als Graf Christoph von Tengen anbot, es zu einem günstigen Preis zu verkaufen. Aber beide Male lehnten die Stadtältesten seine Angebote ab. Als sie einige Jahre später ihre Meinung änderten, wollte die Familie von Tengen nicht mehr verkaufen.

Als nach den napoleonischen Kriegen Talleyrand – einer der vertrauenswürdigsten Leutnants Napoleons – Druck auf die zersplitterten deutschen Staaten ausübte, sich dem Rheinbund anzuschließen, fiel Verenahof unter die Gerichtsbarkeit des Großherzogtums Baden. Mit der Schaffung eines vereinten Deutschlands im Jahr 1871 wurde es ein abgelegener Teil des Deutschen Reiches, während es vollständig im Besitz seiner Schweizer Einwohner (Landwirte) war, die von den Schweizer Behörden aufgefordert wurden, sich als „Überseeschweizer" beim Schweizer Konsulat in Freiburg (Deutschland) zu registrieren. Und das, obwohl das „Überseegebiet" Teil des kleinen Schweizer Dorfes Buttenhardt im Zentrum des Schweizer Kantons Schaffhausen ist!

Seit 1854, als Verenahof aus dem deutschen Zollgebiet ausgeschlossen wurde und bis zu seiner Auflösung im Jahr 1967 war sein Status (siehe Seite 47) nicht unähnlich dem von Büsingen: Seine einzigen Einwohner – drei Bauernfamilien – zahlten hohe deutsche Steuern für ihr Schweizer-Franken-Einkommen. Der Hauptunterschied bestand darin, dass Verenahof-Familien als Schweizer, und nicht als deutsche Bürger, nicht an deutschen Wahlen teilnehmen konnten. Und als „Überseeschweizer" durften sie nicht an Schweizer Gemeindewahlen teilnehmen oder in Gemeinderäte (Dorf- und/oder Stadträte) gewählt werden.

© Hansueli Krapf

Außerdem wurde die winzige deutsche Exklave aufgrund des endlosen bürokratischen Aufwands, der für einen routinemäßigen Besuch der deutschen Polizei in Verenahof erforderlich war, de facto von der Dorfbehörde von Buttenhardt verwaltet (es mussten schwer zu erhaltende Genehmigungen der Schweizer Behörden eingeholt werden um Schweizer Territorium zu durchqueren und sei es nur ein paar hundert Meter davon, die Schweizer waren immer sehr empfindlich, was Ausländer mit Waffen auf ihrem neutralen Terrain betrifft).
Bis November 1964, als Deutschland und die Schweiz nach acht Jahren mühsamer Verhandlungen schließlich einen Vertrag unterzeichneten, der die Übernahme von Verenahof durch die Schweiz vorsah (der Vertrag trat am 4. Oktober 1967 in Kraft), bezeichneten sich ihre Bewohner weder als Deutsche noch als Schweizer, aber als „Buttenhardter"!
Es handelte sich dabei weniger um eine Übernahme als vielmehr um einen Tausch, der zwischen Deutschland und der Schweiz vereinbart werden musste, wobei letztere Deutschland im Austausch für den Verenahof 18 Morgen Land schenkte. Nach jahrelangen Überlegungen wurde ein unbesiedeltes, unfruchtbares und felsübersätes Fleckchen direkt an der deutschen Grenze angeboten. Die Deutschen waren mit einem solchen Austausch nicht zufrieden und der Unterschied in der Bodenqualität wurde mit einer Summe von 600.000 Schweizer Franken ausgeglichen. Diese wenig bekannte, friedliche „Annexion" bedeutete die erste und einzige (wenn auch nur geringfügige) Neuziehung der deutschen Grenze seit dem Zweiten Weltkrieg.
Die Auflösung von 1967 bewies nicht nur, dass europäische Grenzen ohne militärische Konflikte neu gezogen werden, sondern auch, dass jahrhundertealte territoriale Streitigkeiten zwischen Ländern friedlich und zur beiderseitigen Zufriedenheit gelöst werden konnten – eine wichtige Lektion, die dieses winzige Stück Ackerland die Welt lehrte.

Die Geschichte von vier Nazis, die in Verenahof Zuflucht suchten

Im April 1945 flüchteten drei deutsche Soldaten unter der Führung des hochrangigen SS-Offiziers Oberst von Hartlein nach Verenahof und behaupteten, sie seien in Deutschland (was sie tatsächlich waren!) und daher außerhalb der Reichweite der französischen Besatzungstruppen, die jenseits der deutschen Grenze mehrere hundert Meter entfernt stationiert waren. Es folgte eine kleine diplomatische Krise. Die Schweizer Behörden in Bern wurden informiert und alarmierten die Franzosen, die schnell erkannten, dass sie keine Macht hatten, die Deutschen herauszuholen, denn um Verenahof zu „besetzen", mussten sie das Gebiet der neutralen Schweiz durchqueren. Erschwerend kommt hinzu, dass die Schweizer Bauern des Verenahofs nichts dagegen hatten, die Deutschen zu beherbergen und alle Forderungen aus Bern, sie auszuliefern oder ihnen zumindest keine Lebensmittel mehr zu geben, strikt ablehnten, da das mit ihrer Vorstellung von Gastfreundschaft kollidierte. „Wir sind Bauern und werden unsere Gäste immer verköstigen, egal woher sie kommen".
Zwischen den Franzosen und den Schweizern wurde eine Vereinbarung getroffen, wonach die Franzosen einem kleinen Kontingent von Schweizer Polizisten erlaubten, den deutschen Verenahof zu betreten (den die Franzosen theoretisch unter Kontrolle hatten, obwohl sie ihn nicht betreten konnten), um die Nazis zu verhaften und über 450 Meter Schweizer Territorium bis zur deutschen Grenze zu marschieren, wo sie den Franzosen übergeben werden würden. Und genau das ist passiert. Die Einheimischen erinnerten sich später daran, dass die Bauern mit dem Einfall überhaupt nicht zufrieden waren. Die Nazis waren noch weniger erfreut, und der gepflegte Oberst von Hartlein war angeblich unglücklich darüber, dass seine Schweizer Polizeieskorte einen niedrigeren Rang hatte als er.

Der Stiefel von Saatse · Russland/Estland

So besuchen Sie Russland ohne Visum

Im Südosten Estlands, in der Gemeinde Värska, gibt es eine eigentümliche Grenzunregelmäßigkeit: Ein kleines Stück russisches Land, der „Stiefel von Saatse“, ragt in estnisches Gebiet hinein, während die russisch-estnische Grenze durch See und Wald läuft.

Dieses Stück fremdes Land liegt direkt zwischen zwei kleinen estnischen Dörfern – Lutepää und Sesniki. Traditionell stellt die Durchquerung des Stiefels von Saatse, bei der man zweimal die internationale Grenze überquert, den einzigen Weg dar, um von Sesniki nach Lutepää und zurück zu gelangen.

Als die russisch-estnische Grenze 1945 gezogen wurde, war Estland Teil der Sowjetunion, daher war das Überqueren der Grenzen kein großes Problem. Doch als sich 1991 die Sowjetunion auflöste und Estland dann der EU beitrat, wurde der Stiefel von Saatse für Estland zum Dorn im Auge.

Glücklicherweise konnten beide Länder das Problem bisher einvernehmlich lösen. Gemäß den vereinbarten Bedingungen können die Esten die Straße durch den Stiefel von Saatse ohne russisches Visum benutzen, sofern sie nicht zu Fuß reisen. Die Straße darf nur befahren werden (das Reiten auf einem Esel ist auch erlaubt), ohne anzuhalten auch nur, um schnell ein Foto von dieser territorialen Kuriosität zu machen.

Doch trotz (oder gerade wegen) des Verbots wagen es viele Touristen, für Fotos vor den Schildern zu posieren, die solche Aktivitäten verbieten – was leicht dazu führen kann, dass sie am nächsten russischen Grenzposten festgenommen werden und saftige Strafen zahlen.

Wenn ein Auto eine Panne hat, führen russische Grenzschutzbeamte eine Inspektion durch. Wenn sie davon überzeugt sind, dass die Panne echt ist, werden sie den estnischen Grenzschutzbeamten erlauben, es nach Estland zurückzuschleppen.

Lutepää und Sesniki liegen etwa 1.200 Meter voneinander entfernt. Der Straßenabschnitt, der sie durch den Stiefel von Saatse verbindet, ist etwa 900 Meter lang. Bis 2008 war dies die einzige Möglichkeit, beide Dörfer zu erreichen, als eine neue Straße eröffnet wurde, die es ermöglichte, diese zu erreichen, ohne durch den Stiefel Saatse zu fahren. Aber diese andere neue Straße, die nach Russland führt, ist 15 bis 20 km länger, sodass Dorfbewohner und Besucher logischerweise noch die alte Straße benutzen.

Im Jahr 2005 erklärte sich Russland bereit, die Grenze zu begradigen und das „Stiefel“-Gebiet im Austausch für einige Teilen estnischen Landes an Estland zu übertragen. Das hätte dieser geografischen Kuriosität ein Ende gesetzt, aber der neue Vertrag muss noch ratifiziert werden. Bis dahin wird der Stiefel von Saatse weiterhin für Touristen eine einzigartige Gelegenheit sein, ein russisches Territorium ohne Visum zu besuchen.

GERMANY
FRANCE
SWITZ.
AUSTRIA
ITALY
Memmingen
Ravensburg
GERMANY
Kempten
Jungholz
Sorgschrofen
1 636 m
Bodensee
(Lake Constance)
Sonthofen
Bregenz
Bad
Hindelang
Reutte
Oberstdorf
Riezlern
Hirschegg
Mittelberg
Rhein
AUSTRIA
Imst
Vorarlberg
Tirol
Bludenz
Landeck
Vaduz
LIECHTENSTEIN
SWITZERLAND
N
Davos
20 km
ITALY

Jungholz · Österreich/Deutschland

Ein österreichisches Dorf, das nur über die Straße von Deutschland aus erreichbar ist

Jungholz ist ein österreichisches Dorf (mit 300 Einwohnern) im Bezirk Reutte im Bundesland Tirol mit der Besonderheit, nur von Deutschland aus erreichbar zu sein. Die einzigen Straßen, die Jungholz mit dem Rest der Welt verbinden, führen nach Deutschland, nicht nach Österreich, zu dem es gehört. Mit dem Rest Österreichs ist es an einem einzigen kaum erreichbaren Punkt verbunden, dem Gipfel des Berges Sorgschrofen (1.636 Meter). Es ist eine sogenannte Pene-Enklave (oder Halb-Enklave – siehe Seite 7), die in den bayerischen Alpen so gut wie verloren ist. Mit etwas mehr als 300 Einwohnern, verteilt auf 7 km², liegt das Dorf auf einem Plateau, was für das ganzjährig relativ warme und sonnige Klima verantwortlich ist. Es begann mit einem kleinen deutschen Gehöft, das 1342 an einen Tiroler Besitzer verkauft wurde. Als 1463 die ersten Grenzen zwischen Österreich und Deutschland gezogen wurden, wurde das Dorf an das österreichische Tirol übergeben, womit die anhaltende Dualität begann. Die Deutschen (Bayern) versuchten bis 1773, als die Grenzen endgültig vereinbart wurden, Jungholz (friedlich) zurückzuerobern. Nach den Napoleonischen Kriegen wurde das gesamte österreichische Tirol Bayern einverleibt, mit Ausnahme von Jungholz, das in allen Anschlussprotokollen ausgespart wurde. Ähnlich wie einige andere europäische Enklaven verdankt Jungholz seinen Status einem historischen Fehler. Die bayerischen Behörden konnten dies nicht korrigieren und beschlossen, Jungholz zu einem steuerfreien Hafen zu machen, was es bis heute bleibt, wenn auch nur in gewissem Umfang: Alle deutschen Lebensmittel im Dorf waren steuerfrei, Alkohol jedoch nicht. Während des Ersten Weltkriegs kämpften die Männer von Jungholz in der österreichischen Armee, während des Zweiten Weltkriegs mussten sie zur Wehrmacht einrücken, da das Dorf von 1938 bis 1945 vorübergehend wieder an Deutschland angeschlossen und Teil des Landkreises Sorgschrofen wurde.

© ChrisE

© Richard Mayerb

© ShiDD

In den 1950er Jahren erhielt das Dorf zwei Telefonvorwahlen – eine deutsche und eine österreichische. Nun ist Jungholz aus Österreich mit der österreichischen Vorwahl 056, aus den deutschen Nachbarsiedlungen mit der deutschen 083 anzurufen. Jede Telefonnummer in Jungholz kann mit der Vorwahl beider Länder erreicht werden, aber Anrufe nach Österreich von Jungholz aus sind Ortsgespräche, während Anrufe nach Deutschland zu internationalen Tarifen erfolgen. Die Postdienste sind logischer geregelt. Briefe können aus beiden Ländern zu nationalen Tarifen verschickt werden, indem Sie eine der beiden Postleitzahlen des Dorfes verwenden – „D-87491 Jungholz (Oberallgäu)“ aus Deutschland und „A-6691 Jungholz (Tirol)“ aus Österreich, aber Briefe aus allen anderen Ländern sollen nur die deutsche Vorwahl verwenden. Das Dorf bezieht Wasser und Strom aus Deutschland, die Einwohner nehmen an österreichischen Wahlen teil, nutzen aber das hervorragende deutsche nationale Gesundheitssystem. Sie sind weltweit die einzigen Nichtdeutschen, die berechtigt sind, die deutsche Krankenversicherung in Anspruch zu nehmen. In der nächstgelegenen österreichischen Stadt Reutte befindet sich eine winzige Polizeistation, die für Recht und Ordnung in Jungholz zuständig ist. Die bewaffneten österreichischen Gendarmen brauchen etwa 30 Minuten, um das Dorf über Deutschland zu erreichen – ein Verfahren, das durch ein spezielles bilaterales Abkommen geregelt wird. Die gleiche Vereinbarung sieht vor, dass im Notfall auch die deutsche Polizei in Jungholz agieren kann. Die einzige Grundschule des Dorfes bietet ihren Schülern einen österreichischen Lehrplan, der von deutschen Lehrern auf „Hochdeutsch“ unterrichtet wird. Das Dorf wird von einigen Experten als der wohlhabendste Ort der Welt angesehen, mit der höchsten Rate an eingezahltem Geld pro Haushalt, da es die Heimat von drei großen deutschen Banken ist. Die Banken arbeiten mit zwei SWIFT-Codes, dem österreichischen und dem deutschen, was bedeutet, dass Geld ohne Gebühren oder Steuern von und nach Deutschland überwiesen werden kann. Sie werden jedoch durch äußerst strenge österreichische Bankengesetze reguliert, die deutschen Wirtschaftsprüfern den Zugriff auf die Aufzeichnungen verwehren.

© denis22photos

GERMANY
FRANCE
SWITZ.
AUSTRIA
ITALY
Memmingen
Ravensburg
GERMANY
Kempten
Bodensee
(Lake Constance)
Bregenz
Sonthofen
Sorgschrofen
1 636 m
Bad
Hindelang
Reutte
Oberstdorf
2 036 m
1 706 m
2 230 m
Riezlern
2 038 m
1 702 m
Hirschegg
1 982 m
Kleinwalsertal valley
Mittelberg
2 321 m
Rhein
2 092 m
2 533 m
2 384 m
2 131 m
AUSTRIA
Imst
Vorarlberg
Tirol
Bludenz
Vaduz
Landeck
LIECHTENSTEIN
SWITZERLAND
N
20 km
Davos
ITALY

Kleinwalsertal · Österreich/Deutschland

Ein österreichisches Tal ohne Straßenverbindung nach Österreich

Das Kleinwalsertal (5.000 Einwohner) ist eine österreichische Halb-Enklave (siehe Seite 7) in Deutschland. Es ist Teil von Österreich, hat aber keine Straßenverbindung zum Rest des Vorarlberg-Gebiets oder zu Österreich und ist nur auf einer einzigartigen Straße im Raum Oberstdorf über Deutschland erreichbar.

Im Gegensatz zu Jungholz (siehe Seite 55) ist es jedoch nicht an einem, sondern an drei Punkten mit Deutschland verbunden, alle hoch in den Bergen und im Sommer nur gut trainierten Bergsteigern zugänglich.

Das längliche, schmale, kleine Tal (45 km^2) hat drei Dörfer: Riezlern, Hirschegg und Mittelberg.

Die Zweiteilung des Kleinwalsertals begann 1453, als das Tal österreichisch wurde. Seitdem hat es mehrfach den Besitzer gewechselt und wurde nach dem Anschluss an Deutschland 1938 schließlich 1945 an Österreich zurückgegeben.

Wie die meisten Enklaven und Halbenklaven hat das Kleinwalsertal zwei internationale Telefonvorwahlen. Es hat jedoch sechs Postleitzahlen: zwei für jedes seiner drei Dorfpostämter. Vor dem Euro wurden die Steuern im Tal (etwas niedriger als im übrigen Österreich) in österreichischen Schilling berechnet, waren aber in D-Mark zu zahlen. Dasselbe galt für österreichische Briefmarken. Die kostenlosen Busse des Tals wurden von einem deutschen Unternehmen betrieben und die Bewohner konnten zwischen einer österreichischen und einer deutschen Krankenversicherung wählen.

© Lacu Schienred

© BDAttitude

© Steffen 962

Als Teil des deutschen Wirtschaftsraums wird das Kleinwalsertal von bewaffneten deutschen Zollbeamten überwacht, die bestimmte österreichische Waren, die in das österreichische Tal „eingeführt" werden sollen, kontingentieren. Vor 1891 waren österreichische Kühe, Wein, Käse, Speck und Spirituosen zollfrei erlaubt. Im 18. Jahrhundert gab es eine eigentümliche Vorschrift, dass jede Kutsche eines Kleinwalsertalers einem deutschen Fahrzeug weichen musste, wenn es ihm auf der einzigen (und natürlich einspurigen) Straße, die das Tal mit dem nächsten deutschen Dorf Oberstdorf verbindet, entgegenkam. Auch noch jetzt hat ein österreichischer Staatsbürger, der von der Kleinwalsertaler Polizei festgehalten wird, theoretisch das Recht, in Deutschland Asyl zu beantragen, wenn (und falls) er auf derselben Straße auf das „Festland" Österreichs gefahren wird. Berichten zufolge transportieren die Gendarmen des Tals deshalb Häftlinge lieber per Hubschrauber.

Nach dem Zweiten Weltkrieg zögerten die Bewohner des Kleinwalsertals, den Deutschen Baugenehmigungen für das Tal zu erteilen, aber bald begann sich die Situation umzukehren. Die Macht deutscher Investitionen und überlegener Technologie war unwiderstehlich. Ein Beispiel: Die Telefonleitungen vom Kleinwalsertal nach Deutschland waren immer einwandfrei, die nach Österreich dagegen immer defekt. Heute dominiert Deutschland das Tal wirtschaftlich.

Der Name des Tals leitet sich von den Walsern ab, einer der ältesten ethnischen Minderheiten Europas und Nachkommen prähistorischer Nomaden. Sie kamen im 13. Jahrhundert aus dem Berner Oberland (Schweiz) ins heutige Kleinwalsertal. Sie verbreiteten sich bald über andere Alpentäler, wo sie als erste ihresgleichen in Europa zahlreiche Bio-Höfe gründeten. Die Walser gründeten einen eigenen unabhängigen Kleinstaat mit Sitz in Tannberg. Ihre Souveränität wurde jedoch 1451 durch den Einfall des Grafen Sigmund von Tirol beendet, der das Kleinwalsertal zu Österreich machte. Als Biobauern und Viehzüchter mussten die Walser höher in die Berge ziehen (sie waren an die Landwirtschaft in großen Höhen gewöhnt), aber viele leben weiterhin im Tal in prächtigen, eigentümlichen Backstein- und Holzhäusern.

Kleinwalsertal 1900 © Willi Zitzelsberger

NETHERLANDS
Maastricht
Aachen
(Aix-la-Chapelle)
Meuse
Liège
Raeren
Herbesthal
Eupen
Münsterbildchen
Rotgener Wald
Fringshaus
Rückschlag
Mützenich
Monschau (Montjoie)
Ruitzhof
Kalterherberg
High Fens (Hautes Fagnes)
GERMANY
BELGIUM
Weywertz
Bütgenbach
Malmedy
Trois-Ponts
Vennbahn
Losheim
Sankt Vith
Auel
Oudler
Troisvierges
LUXEMBOURG
N
20 km

Vennbahn • Belgien/Deutschland

Eine ehemalige Eisenbahnstrecke in Deutschland, die zu Belgien gehört

1881 bis 1889 vom preußischen Staat erbaut, um das Industriezentrum Rothe Erde, östlich von Aachen (Aix-la-Chapelle), auf kürzestem Weg mit der Stadt Luxemburg zu verbinden, war die Vennbahn eine hauptsächlich dem Kohle- und Eisentransport dienende Eisenbahn. Sie wurde Belgien durch den Vertrag von Versailles (1919) nach dem Ersten Weltkrieg zusammen mit den bekannteren Kantonen Eupen und Malmedy zugesprochen, da es für diese beiden Städte von besonderer wirtschaftlicher Bedeutung war.
Genauer gesagt sollte ein Teil der Vennbahn, nämlich „die Gleisanlage mit ihren Gebäuden zwischen Raeren und Kalterherbert", an Belgien abgetreten werden, während die daraus resultierenden fünf Enklaven (zwischen dem westlichen Teil der Vennbahn und dem belgischen Festland – siehe Karte) „Bei Deutschland bleiben" .
Die fünf deutschen Enklaven (von Norden nach Süden – Münsterbildchen, Rotgener Wald, Rückschlag, Mützenich und Ruitzhof) blieben erhalten. Frachtgebühren konnten in deutscher oder belgischer Währung bezahlt werden und unzählige strenge deutsche Vorschriften über Fahrkartenschalter, Warteräume, Hinweistafeln, Gepäckaufbewahrung usw. wurden blind von den Belgiern akzeptiert.
Beide Länder führten Zollkontrollen für deutsche und belgische Passagiere durch. Schaffner, Weichensteller und andere Eisenbahner konnten Belgier oder deutsche Staatsbürger sein, aber die Lokführer mussten belgische Staatsangehörige sein.
Am 18. Mai 1940 ordnete Adolf Hitler die Wiedereingliederung der belgischen cantons de l'Est an und die Vennbahn wurde triumphal als vollständig deutsche Eisenbahnstrecke wieder in Betrieb genommen. Während des Zweiten Weltkriegs diente sie der Versorgung der deutschen Armee, bis sie im Winter 1944/45 durch die Offensive der Alliierten so gut wie zerstört wurde. Kaum eine Überführung blieb verschont und erst 1947 wurde die Vennbahn in belgischem Besitz teilweise wiedereröffnet.

Bis 1990 war die Eisenbahn wirtschaftlich nicht mehr rentabel und die lokale Gemeinde versuchte, Geld aufzubringen, um sie in eine Touristenattraktion umzuwandeln.
Dieser einzigartige Status wurde trotz der Einstellung aller Eisenbahnaktivitäten im Jahr 2008 aufgrund einer speziellen bilateralen Vereinbarung, nach der das ehemalige Gleisbett, auch wenn es nicht mehr verwendet wird, belgisch bleibt, bis heute bewahrt. Auch die Enklaven bleiben erhalten.
2019 wurde der letzte Abschnitt der ehemaligen Strecke zwischen Auel und Oudler asphaltiert und die Vennbahn mit ihren 128 km zu einem der längsten öffentlichen Radwege Europas. Einzigartigerweise behält sie ihre Enklaven-bildende Fähigkeit.

Die Vennbahn schuf zunächst sieben deutsche und eine belgische Exklave.
Eine deutsche Exklave wurde schließlich ganz an Belgien abgetreten und hörte auf zu existieren. Zwei verschmolzen zu einer. Derzeit beträgt die Zahl der deutschen Exklaven fünf. Diese Regionen sind durch das Gleisbett der Vennbahn, einem schmalen Landstreifen von weniger als 20 Metern Breite, vom deutschen Festland getrennt. Die kleinste dieser Exklaven, Rückschlag, ist nur 1,6 Hektar groß und enthält ein einzelnes Haus mit Garten.
Die belgische Gegenenklave ist eine Verkehrsinsel innerhalb einer dreispurigen deutschen Straßenkreuzung bei Fringshaus.

Die normalspurige Strecke verlief auf rund 75 km über das Hohe Venn (Französisch Venn) bis südlich von Aachen (Aix-la-Chapelle) in südlicher Richtung von Eupen über Raeren (Standort des Depots), Monschau (Montjoie) und Malmedy nach Trois-Ponts, mit einem 20 km langen Abzweig nach Osten von Oberweywertz nach Bütgenbach und Losheim (Hellentha). Bei Eupen schloss sie an eine andere Strecke nach Herbesthal an, wo sie in die Hauptstrecke Brüssel-Köln einmündete.
Bei Trois-Ponts verband sie sich mit der Linie Lüttich-Luxemburg.

Nach internationalen Vorschriften gehört nicht nur die Strecke, sondern fünf Meter Land auf beiden Seiten davon mit allen Gebäuden und Anlagen dem Staat, dem die Eisenbahn gehört.

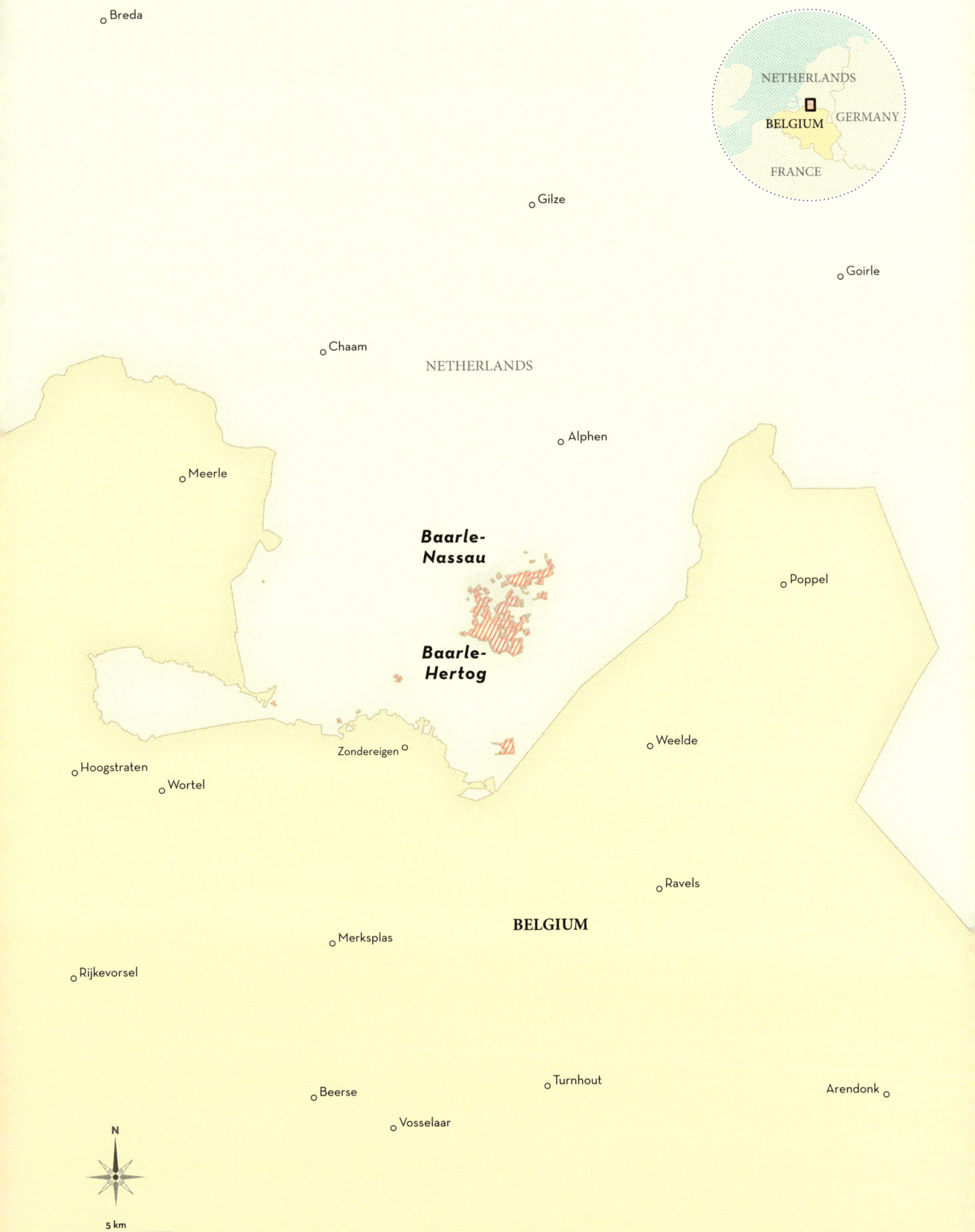
Breda
NETHERLANDS
BELGIUM
GERMANY
FRANCE
Gilze
Goirle
Chaam
NETHERLANDS
Alphen
Meerle
Baarle-
Nassau
Poppel
Baarle-
Hertog
Weelde
Zondereigen
Hoogstraten
Wortel
Ravels
BELGIUM
Merksplas
Rijkevorsel
Turnhout
Arendonk
Beerse
Vosselaar
N
5 km

Baarle • Belgien/Niederlande

Das Dorf mit gespaltener Persönlichkeit südlich von Breda, wo es von allem zwei gibt und wo man nicht einmal weiß, in welchem Land man sich gerade befindet

In diesem Dorf mit 9.000 Einwohnern an der belgisch-niederländischen Grenze wird man leicht verwirrt, da man in einem Land durch die Vordertür und in einem anderen Land durch die Hintertür gehen kann. In einem 20-minütigen Spaziergang kann man die Grenze locker 50 Mal überqueren. Bei drei Häusern nebeneinander kann eines nach Deutschland, eines in die Niederlande und eines zwischen beiden aufgeteilt sein. Die Verwirrung ist so groß, dass jede Hausnummer mit einer kleinen niederländischen oder belgischen Flagge gekennzeichnet werden muss. Willkommen in Baarle, dem wohl einzigartigsten Dorf der Welt. Die einzigen, die nicht verwirrt scheinen, sind die Einheimischen, die stolz erklären: „Wir sind weder Belgier noch Niederländer: Wir sind Baarlenars!" Während der Pandemie 2020 war ein Bekleidungsgeschäft an der Grenze halb geöffnet und halb geschlossen, da beide Länder unterschiedliche COVID-19-Maßnahmen hatten. Belgien schloss alle nicht wesentlichen Geschäfte, aber die Niederländer forderten nur, Abstand zu halten. Die belgische Hälfte des Geschäftes blieb geschlossen und die Kunden der niederländischen Hälfte wollten Unterwäsche kaufen und waren sehr enttäuscht, als sie keine kaufen konnten, da sich die Unterwäsche im belgischen Teil des Geschäftes befand. Es gibt zwei Namen. Baarle-Nassau (niederländisch) und Baarle-Hertog (belgisch). Es gibt auch zwei Bürgermeister, zwei politische Parteien, zwei Stadträte, zwei Feuerwehren, die auf dem Weg zu einem Notfall um die Wette fahren, zwei Postämter, zwei Müllabfuhrdienste und so weiter. Es ist das einzige Dorf der Welt, in dem sich zwei Polizisten nicht nur das gleiche Gebäude, sondern auch die gleichen Räume mit jeweils niederländisch oder belgisch gestrichenen Aktenschränke teilen. Die Baarle-Grenze ähnelt dem Elektrodiagramm eines Patienten am Rande eines Herzinfarkts, gedankenlos über Straßen und Plätze hüpfend, Häuser, Büros und Kneipen durchschneidend und Müllhalden sezierend. Wieso? Es ist so komplex wie das Dorf selbst, aber Baarle ist der einzige Ort auf der Welt, der sogenannte Sub-Enklaven (Gegen-Enklaven) hat, d. h. niederländische Enklaven, die innerhalb der belgischen Enklaven in den Niederlanden liegen. Diese Spaltung stammt aus 1198, als der Herzog von Brabant den Großteil seines Besitzes in Baarle an die Herren von Breda abtrat. Einige Parzellen waren bereits verpachtet und blieben Eigentum des Herzogs Heinrich I, Herzog von Brabant, der diese Parzellen zur Erhebung der Grundsteuer behielt. Die 22 belgischen und acht niederländischen Enklaven, aus denen das moderne Baarle besteht, stellen eine große Verbesserung zu 1648 dar, als die Nassau-Ländereien an den nördlichen Teil der Großen Niederlande (heute Holland) gegeben wurden, während die Brabanter Grundstücke an den südlichen Teil des heutigen Belgiens gingen. Mit der heutigen Grenze acht Kilometer südlich von Baarle sind die 22 Landparzellen des Herzogs von Brabant als belgische Enklaven innerhalb der Niederlande gestrandet. Aber es gibt auch eine niederländische Enklave auf der belgischen Seite der Grenze und weitere sieben niederländische Enklaven befinden sich innerhalb belgischer Enklaven.

Es ist zwar verwirrend, aber die Einwohner machen das Beste daraus. Wenn die Grenze durch ein Haus läuft, wissen die Frauen, dass es besser ist, auf der belgischen Seite des Hauses ein Kind auf die Welt zu bringen, weil dort das Kindergeld höher ist. Man kauft die Medikamente in der belgischen Apotheke, da die Rezeptpflicht dort weniger streng ist, aber Blumen, Käse und Spirituosen kauft man in niederländischen Geschäften, da sie dort billiger sind. Die Jungs, die in den Niederlanden nicht bedient werden und wo das Alter, in dem es erlaubt ist, Alkohol zu trinken, bei 18 liegt, können über die Straße nach Belgien gehen wo es bereits mit 16 erlaubt ist, Alkohol zu trinken. Baarle bietet vielleicht mehr als irgendwo sonst das Beste aus beiden Welten.

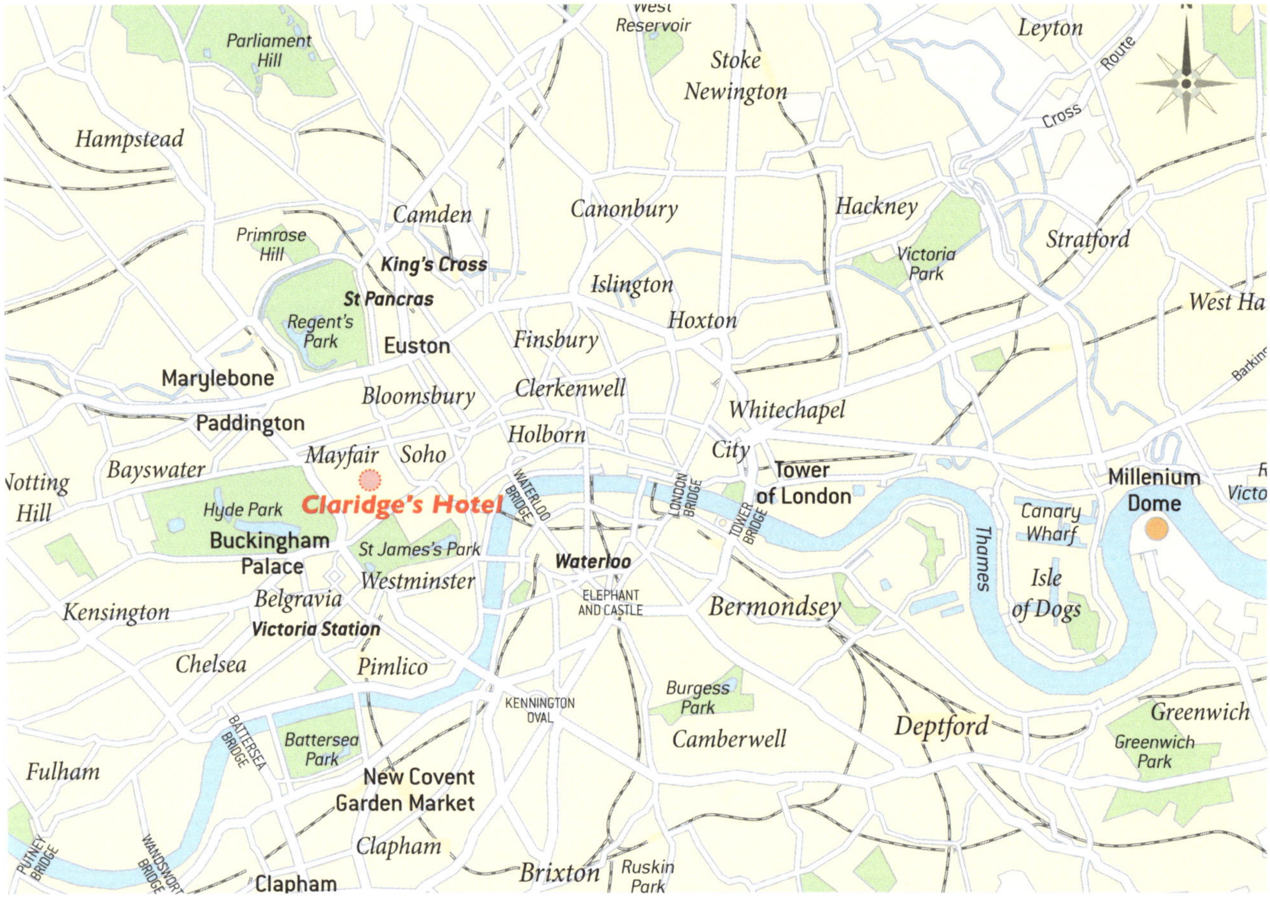
West Reservoir
Leyton
Parliament Hill
Stoke Newington
Route
Cross
Hampstead
Camden
Canonbury
Hackney
Primrose Hill
King's Cross
Victoria Park
Stratford
St Pancras
Islington
Regent's Park
Euston
Hoxton
West Ha
Finsbury
Marylebone
Bloomsbury
Clerkenwell
Whitechapel
Paddington
Holborn
Mayfair
Soho
City
Tower of London
Notting Hill
Bayswater
Waterloo Bridge
London Bridge
Tower Bridge
Millenium Dome
Hyde Park
Claridge's Hotel
Canary Wharf
Buckingham Palace
St James's Park
Waterloo
Thames
Westminster
Isle of Dogs
Kensington
Belgravia
Elephant and Castle
Bermondsey
Victoria Station
Chelsea
Pimlico
Burgess Park
Kennington Oval
Greenwich
Battersea Bridge
Battersea Park
Camberwell
Deptford
Greenwich Park
Fulham
New Covent Garden Market
Clapham
Putney Bridge
Wandsworth Bridge
Brixton
Ruskin Park
Clapham

Claridge's Hotel · London
Großbritannien

Suite 212

Wurde für einen Tag zum jugoslawischen Territorium erklärt, damit Kronprinz Alexander II. auf dem Boden seines eigenen Landes geboren werden konnte

Am 17. Juli 1945 könnte das Vereinigte Königreich etwas kleiner und Jugoslawien etwas größer geworden sein. Wie kommt das? Während des Zweiten Weltkriegs wurden König Peter II von Jugoslawien und seine Frau ins Exil geschickt und verbrachten die meiste Zeit des Krieges im *Claridge's Hotel* in London. Zu dieser Zeit kam der Königssohn und Thronfolger auf die Welt. Der Erbe musste auf jugoslawischem Boden geboren werden, so soll die Suite 212 von *Claridge's Hotel* auf Befehl von Winston Churchill am 17. Juli 1945 für einen Tag jugoslawisches Territorium geworden sein. Gerüchten zufolge wurde sogar Erde aus Jugoslawien unter das Bett – in dem die Königin gebar – gestreut. Diese Geschichte ist auf der Website von Claridge's Hotel zu finden, auf der es heißt: „Auf Wunsch von Winston Churchill wird Suite 212 zum jugoslawischen Territorium erklärt, damit Kronprinz Alexander II auf dem Boden seines eigenen Landes geboren werden kann." Es wird auch auf der Website der königlichen Familie von Serbien erwähnt, auf der es heißt: „Am 17. Juli 1945 brachte Königin Alexandra, während sie im *Claridge's Hotel* lebte, einen Sohn zur Welt – HRH Kronprinz Alexander von Jugoslawien. Kronprinz Alexander, der Thronfolger, wurde auf jugoslawischem Territorium geboren, als die britische Regierung auf Befehl von Premierminister Sir Winston Churchill die Suite 212 des *Claridge's Hotel* als jugoslawisches Territorium deklarierte. Seine Heiligkeit Patriarch Gavrilo von Serbien taufte den neugeborenen Kronprinzen in der Westminster Abbey mit den Taufpaten König Georg VI und HRH Prinzessin Elizabeth (jetzt Königin Elizabeth II)." Es wurden keine weiteren Beweise für die temporäre Enklave gefunden. Im Gespräch mit der BBC im Jahr 2016 über den Deal des Königs mit Winston Churchill sagte Kronprinz Alexander: „Leider sind alle Akten vor langer Zeit aus dem Büro meines Vaters verschwunden."

Einige andere „temporäre" Enklaven:

- **Camp Zeist,** ein ehemaliger Luftwaffenstützpunkt der Vereinigten Staaten in den Niederlanden, wurde im Jahr 2000 vorübergehend zum Hoheitsgebiet des Vereinigten Königreichs erklärt, um den Bombenanschlag auf Pan Am Flight 103 (Lockerbie) zu ermöglichen.
- Im Jahr 1943 war **die Entbindungsstation im Ottawa Civic Hospital** in Kanada vorübergehend extraterritorial, so dass Prinzessin Julianas Tochter, Prinzessin Margriet, aufgrund ihrer Geburt auf kanadischen Boden die niederländische (durch die Staatsangehörigkeit ihrer Eltern) anstelle der doppelten Staatsangehörigkeit hatte. Die doppelte Staatsangehörigkeit hätte sie von der königlichen Nachfolge ausgeschlossen.
- Im Jahr 1979 wurde **beim Sender Zehlendorf,** Ostdeutschland, ein Gebiet von 300 Metern Radius um eine Funkturmbaustelle zur Exklave der Sowjetunion erklärt. Ein sowjetisches Kampfflugzeug war mit einem Sendemast kollidiert, wodurch dieser einstürzte und die Sowjetunion stimmte dem Wiederaufbau zu. Strengere deutsche Sicherheitsvorschriften hätten den Bau verlangsamt, weshalb das Gebiet für die Dauer der Arbeiten zur sowjetischen Exklave erklärt wurde.

West Reservoir
Parliament Hill
Stoke Newington
Leyton
Cross Route
Hampstead
Camden
Canonbury
Hackney
Stratford
Primrose Hill
King's Cross
St Pancras
Islington
Victoria Park
Regent's Park
Euston
Finsbury
Hoxton
West Ham
Barking
Marylebone
Bloomsbury
Clerkenwell
Ely Place
Whitechapel
Paddington
Holborn
City
Bayswater
Mayfair
Soho
Tower of London
Notting Hill
Waterloo Bridge
London Bridge
Tower Bridge
Millenium Dome
Royal Victoria Doc
Hyde Park
Buckingham Palace
St James's Park
Canary Wharf
Thames
Waterloo
Westminster
Isle of Dogs
Kensington
Belgravia
Elephant and Castle
Bermondsey
Victoria Station
Chelsea
Pimlico
Kennington Oval
Burgess Park
Greenwich
Battersea Bridge
Battersea Park
Camberwell
Deptford
Greenwich Park
Fulham
New Covent Garden Market
Putney Bridge
Wandsworth Bridge
Clapham
Brixton
Ruskin Park
Clapham

ELY PLACE
TO ST ETHELDREDA'S CHURCH

Ely Place • London Großbritannien

Die letzte Privatstraße der britischen Hauptstadt gehört geografisch nicht zu London

Ely Place ist eine ruhige kleine Sackgasse am Holborn Circus im Zentrum von London, mit verzierten Eisentoren, die diese Straße von der Hektik der Stadt trennen und zu einer geraden, baumlosen Gasse führen. Sie ist die letzte Straße in Privatbesitz in der britischen Hauptstadt und die ehemalige Residenz der Bischöfe von Ely, gehört aber geographisch nicht zu London.

Es ist eine kleine Ecke von Cambridgeshire, die immer noch von der Londoner Polizei unbetreten bleibt, außer auf Einladung der Commissioners of Ely Place – ihrem eigenen gewählten Leitungsgremium, das jedes Jahr wechselt. Die Ergebnisse der letzten Wahlen, ordnungsgemäß datiert und vom „Clerk to the Commissioners" beglaubigt, werden an der Anschlagtafel der prächtigen St. Etheldreda's Church angezeigt – die älteste römisch-katholische Kirche Großbritanniens, in der die Sonntagsmesse noch immer auf Latein gehalten wird.

Ely Place, eines der bestgehüteten Geheimnisse Londons, ist ein lebendiger Anachronismus aus dem 16. Jahrhundert, als die einflussreichen Bischöfe entschlossen waren, in ihrer Diözese Cambridgeshire zu bleiben, selbst wenn sie auf Ministermission in der Hauptstadt waren. Sie kauften das Land in Holborn, damals in den Außenbezirken von London, bauten einen Palast und erklärten es zum Teil ihrer Heimatstadt Cambridgeshire, damit sie ihre ministeriellen Funktionen ungehindert ausüben konnten. Sie fingen an, Erdbeeren – angeblich die besten in ganz England – in ihren Gärten anzubauen. Ein „Strawberry Fayre" findet immer noch jeden Juni in Ely Place statt. In Shakespeares *Richard III* sagt der noch ungekrönte Gloucester dem Bischof von Ely:

> *„Mein Herr von Ely, als ich das letzte Mal in Holborn war,*
> *habe ich gute Erdbeeren in deinem Garten dort gesehen,*
> *ich bitte Sie, einige bringen zu lassen".*

Im eigenen Pub Ye Olde Mitre, dem zweitältesten in London nach Ye Olde Cheshire Cheese, (an der Fleet Street), das auch Londons kleinste Pub-Lounge beherbergt und dessen Öffnungszeiten bis vor kurzem von den Richtern der Isle of Ely festgelegt wurden, kann man einen Stapel neuerer Briefe sehen, die an „Ye Olde Mitre Tavern, Ely Place, Holborn Circus, London, Cambridgeshire" adressiert sind.

IRELAND
St George's Channel
Wales
UNITED KINGDOM
Birmingham
Bristol
Bristol Channel
Lundy
England
Wolford Chapel
Southampton
Exeter
Isle of Wight
Plymouth
Truro
Isles of Scilly
Land's End
Lizard Point
The Channel
Alderney
Cherbourg
Guernsey
The Channel Islands
Jersey
Chausey
Saint-Malo
Morlaix
Ouessant
Brest
Saint-Brieuc
Atlantic Ocean
FRANCE
N
100 km

Wolford Chapel • Kanada/Großbritannien

Ein Stück Kanada in Devon, England

Wolford Chapel, ein Stück Kanada im Herzen des ländlichen Devon, ist die Grabstätte von Lord Simcoe, dem 1. Vizegouverneur von Oberkanada. Die Kapelle und die umliegenden Begräbnisstätten, die von einer örtlichen Wohltätigkeitsorganisation erhalten werden, sind buchstäblich das Territorium der kanadischen Provinz Ontario. Darüber weht eine kanadische Fahne.

John Graves Simcoe wurde 1752 in Cotterstock bei Oundle als Sohn eines Kapitäns der Royal Navy geboren. Er machte eine militärische Karriere und kämpfte im Unabhängigkeitskrieg, wo er 1781 bei der Belagerung von Yorktown verwundet wurde. Simcoe wurde nach Hause geschickt, um sich zu erholen und während er daheim in England genaß, traf und heiratete er eine Erbin namens Elizabeth Gwillim. Mit Elizabeths Geld wurde Wolford gekauft, ein 5.000 Hektar großes Anwesen in der Nähe von Honiton, wo das Paar die Wolford Lodge baute. Die Lodge war bis 1923 der Hauptwohnsitz der Familie Simcoe. Im Jahre 1791 wurde Simcoe an die Spitze der britischen Verwaltung in Oberkanada gestellt und übernahm ein Gebiet, das ungefähr dem südlichen Ontario, dem Lake Superior und der Georgian Bay entsprach. Er hatte das Amt nur fünf Jahre lang inne, aber während dieser Zeit versuchte er, eine auf konservativen Prinzipien basierende Modellgemeinschaft mit einer etablierten Aristokratie an der Spitze zu schaffen: eine idealisierte Version des britischen Rechts und Tradition, die der amerikanischen Vision von Demokratie und republikanischen Idealen südlich der Grenze entgegengesetzt war. Er gründete die Stadt York, das heutige Toronto, und schaffte die Sklaverei ab, lange bevor sie in England abgeschafft wurde. Simcoe war später Oberbefehlshaber der britischen Streitkräfte in Indien und starb 1806. John und Elizabeth Simcoe wurden in der Kapelle beerdigt, die sie 1800 in der Nähe der Wolford Lodge erbaut hatten und die Kinder des Paares wurden in der Kapelle in der Nähe ihrer Eltern zur Ruhe gelegt. Die Kapelle und das Anwesen wurden später vom wohlhabenden Verleger Sir Geoffrey Harmsworth gekauft.

1966 stand Harmsworth die Kapelle, ihre historischen Möbel und das Gelände als Geschenk dem *Ontario Heritage Trust* zu und übergab die Urkunde der Kapelle an John Robarts, der damals Premier der Provinz Ontario war, wodurch sie exterritorial und effektiv Teil von Kanada (eine virtuelle temporäre Enklave) wurde, verwaltet und unterhalten vom Trust und der kanadischen Botschaft in London.

Gleichzeitig wurde über das Simcoe Estate hinweg ein dauerhaftes Wegerecht zum Grundstück errichtet. An der Westwand der Kapelle ist noch eine Gedenktafel zu sehen, die an die Schenkung der Wolford-Kapelle an die Provinz Ontario erinnert.

© Alison Day at Flickr

IRELAND
Birmingham
St George's Channel
Wales
UNITED KINGDOM
Bristol
Bristol Channel
Lundy
England
Southampton
Exeter
Isle of Wight
Plymouth
Truro
Isles of Scilly
Land's End
Lizard Point
Bishop Rock
The Channel
Alderney
Cherbourg
Guernsey
The Channel Islands
Jersey
Chausey
Saint-Malo
Morlaix
Ouessant
Brest
Saint-Brieuc
Atlantic Ocean
FRANCE
N
100 km

Bishop Rock · Großbritannien

Die kleinste bebaute Insel der Welt

Der zum Gästehaus umgebaute Leuchtturm in Bishop Rock, etwa 6 km westlich der Scilly-Inseln hat Platz für bis zu vier Besucher. Das historische, 49 Meter hohe Gebäude, das mit Petroleumlampen und Kerzen beleuchtet wurde, verfügt jetzt über eine moderne Stromversorgung und sogar einen Hubschrauberlandeplatz. Sie thront auf einem kleinen, felsigen Atlantikvorsprung, der 46 Meter lang und 16 Meter breit ist, was sie laut *Guinnessbuch der Rekorde* zur kleinsten Insel der Welt mit einem Gebäude macht.

Bishop Rock liegt am östlichen Ende der nordatlantischen Schifffahrtsroute, die in der ersten Hälfte des 20. Jahrhunderts von Ozeandampfern benutzt wurde. Im Westen befindet sich der Eingang zur Lower New York Bay. Dies war die Route, die Ozeandampfer nahmen, als sie um den transatlantischen Geschwindigkeitsrekord kämpften, bekannt als das Blaue Band.

Die Felsen rund um die Scilly-Inseln haben viele Schiffe zerstört. Als das Geschwader von Sir Cloudesley Shovell der britischen Flotte 1707 zusammen mit mindestens 1.300 Mann sank, meinten die Elder Brethren des Trinity House, dass die Beleuchtung vor den Scillys-Inseln unzureichend war. Sie beschlossen, einen Leuchtturm auf den westlichsten Teil zu bauen, so entstand der Bishop Rock.

1847 wurde beschlossen, einen Schraubpfahl-Leuchtturm zu einem Preis von 12.000 £ zu bauen. Die erste Aufgabe bestand darin, gusseiserne Beine in den massiven Granit zu versenken, die mit schmiedeeisernen Stangen verspannt und befestigt wurden. Die Idee von Chefingenieur James Walker war, dass die Wellen durch die Pfähle brechen würden, anstatt gegen einen massiven Mauerwerksturm zu schlagen. Innerhalb von zwei Jahren war der Turm bis auf die Beleuchtung fertig. Aber in der folgenden Saison am 5. Februar 1850 fegte ein schwerer Sturm die gesamte Struktur weg.

Walker zuckte mit den Schultern, als er davon erfuhr und wandte sich der Idee zu, dort einen Granitturm zu bauen. Es war eine gefährliche Aufgabe, denn das Meer war rau und die Insel zu klein. Die Arbeiter mussten auf einer nahen gelegenen, kargen Insel untergebracht werden, auf der sich die Wohnräume und Werkstätten befanden. Die Männer wurden, wenn es das Wetter zuließ, zum Einsatzort hin- und von ihm weggebracht. Der gesamte Granit wurde vom Festland zum Inseldepot gebracht, wo er geformt und nummeriert wurde, bevor er zum Felsen gesandt wurde. Es dauerte sieben Jahre, bis der Leuchtturm fertig war.

Bishop Rock wurde 1991 auf automatischen Betrieb umgestellt und die letzten Wärter verließen den Leuchtturm im Dezember 1992.

Der Leuchtturm wird jetzt vom Planungszentrum des Trinity House in Harwich, Essex, aus gesteuert.

IRELAND
St George's Channel
Wales
UNITED KINGDOM
Birmingham
Bristol Channel
Bristol
England
Lundy
Southampton
Exeter
Isle of Wight
Plymouth
Truro
Isles of Scilly
Land's End
Lizard Point
The Channel
Alderney
Sark
Cherbourg
Guernsey
The Channel Islands
Jersey
Chausey
Saint-Malo
Morlaix
Ouessant
Brest
Saint-Brieuc
Atlantic Ocean
FRANCE
N
100 km

Sark • Großbritannien

Der letzte Feudalstaat der Welt

Die Insel Sark bildet wie alle anderen Kanalinseln und die Isle of Man einen Teil Großbritanniens außerhalb des Vereinigten Königreichs. Keine dieser Inseln war jemals Teil der EU.

Sark mit 5,45 km^2 und 500 Einwohnern ist nicht Teil des Vereinigten Königreichs und der kleinste halbunabhängige Staat des Commonwealth. Sie macht ihre eigenen Gesetze und verwaltet ihr eigenes Geld.

Verwaltet vom Seigneur, einem erblichen Herrscher, der die Insel für die britische Krone hielt, war Sark die letzte feudale Gemeinschaft in der westlichen Welt, bis 2008 die Inselbewohner für Demokratie stimmten und die Befugnisse des Seigneur beschnitten wurden.

Der Seigneur zahlt der Königin jedoch immer noch eine inflationsfreie Steuer von 1,79 £ pro Jahr. Das war vor 500 Jahren, als es erstmals in Kraft trat, offenbar ein Vermögen und machte „ein Zwanzigstel eines Ritterhonorars" aus.

Autos sind auf Sark verboten und Flugzeuge dürfen dort nicht landen oder unter 2.000 Fuß (ca. 610 m) über die Insel fliegen. Der Ort ist von einer seltsamen Stille umgeben, die nur vom Heulen des Windes unterbrochen wird.

Die Insel hält sich immer noch an mittelalterliche Gesetze, von denen eines besagt, dass „nicht kastrierte Hündinnen nicht auf der Insel gehalten werden dürfen, außer vom Seigneur". Dieses Gesetz wurde im 17. Jahrhundert verabschiedet, als Chief Pleas (das Parlament der Insel) entschied, dass zu viele Hunde Probleme bei der Schafzucht verursachen könnten.

Ein weiteres Gesetz besagt, dass 40 örtliche Familienoberhäupter, darunter der Seigneur, verpflichtet sind, Musketen zu halten, um die Insel vor Eindringlingen zu schützen.
Eine bescheiden aussehende Broschüre (*Constitution of Sark*), geschrieben vom ehemaligen Seigneur der Insel, Michael Beaumont, besagt, dass eine Person nach normannischem Brauch die sofortige Einstellung aller Handlungen erwirken kann, die sie für eine Verletzung ihrer Rechte hält. Am Tatort muss er vor Zeugen das Vaterunser auf Französisch aufsagen und in Patois schreien: „Haro, Haro, Haro! À mon aide, mon Prince, on me fait fort!" An diesem Punkt müssen alle Klagen eingestellt werden, bis die Angelegenheit vom Gericht angehört wird. Während des Zweiten Weltkriegs, als Sark von einer Garnison von 300 Deutschen besetzt war, wurde kein einziger Schuss von beiden Seiten abgefeuert und die Einheimischen bezeichnen es immer noch als „Musterbesetzung". Einmal weigerte sich der deutsche Kommandant von Sark, etwas gegen Einheimische zu unternehmen, die sich den Besatzungsbehörden widersetzten, indem sie Kurzwellenradios in ihren Häusern aufstellten, was sonst im besetzten Europa eine Straftat war, die mit dem Tode bestraft wurde.
Die Insel ist von den maroden Sozialversicherungs- und Gesundheitssystemen Großbritanniens ausgenommen und passt gut auf sich auf. Spezielle Gemeinschaftsfonds helfen jungen Menschen durch Schulen und Universitäten, bezahlen Arztrechnungen und stellen Renten für die Alten bereit.

Der Ort der letzten französischen Invasion in Großbritannien (1989)

1989 erlebte die Insel eine weitere ausländische Invasion, wenn auch in viel geringerem Umfang, als sie von einem betrunkenen Franzosen übernommen wurde. André Gards landete mit einem Gewehr und einer kleinen Ladung Sprengstoff auf Sark. In einem „Manifest", das in gebrochenem Englisch geschrieben und an die Anschlagtafel des Dorfes geheftet wurde, kündigte er an, dass er die Kontrolle über die Insel übernehmen würde. Nachdem er seine Absichten geäußert hatte, zog er sich zum Durstlöschen in eine Dorfkneipe zurück, wo er vom Constable (Leiter von Sarks Teilzeitpolizei) festgenommen, entwaffnet und in das Miniaturgefängnis der Insel geschmuggelt wurde – eine kleine fensterlose Zelle.
Der Constable bereute bald seinen Mut, denn ein anderes Inselgesetz machte ihn für die Verpflegung der Gefängnisinsassen verantwortlich und der Franzose erwies sich als äußerst hungrig. Die maximale Gefängnisstrafe in Sark ist nur zwei Tage, somit wurde der gefräßige Eindringling glücklicherweise abgeschoben.

FRANCE
SWITZERLAND
La Cure
Lake Geneva
Geneva
Rue du Mont Fier
Rue de la Frontière
Hotel L'Arbézie
Route de France
D 1005
SWITZERLAND
FRANCE
N
50 m

Hotel L'Arbézie • Frankreich/Schweiz

Das weltweit einzige Hotel an einer internationalen Grenze, in dem Frischvermählte ihre Flitterwochen in verschiedenen Ländern verbringen können

Das *Hotel L'Arbézie* ist ein kleines Zwei-Sterne-Hotel in der ruhigen Grenzstadt La Cure mit 2.020 Einwohnern, fünf Meilen nördlich von Genf. Es ist ein netter, gemütlicher kleiner alpenländischer Ort, erbaut im 19. Jahrhundert, mit Holzbalken und einer Landhausküche. 1000 Meter über dem Meeresspiegel, ist es ein beliebter Rastplatz für Wanderer und Skifahrer.

Das Hotel sieht normal aus, ist aber einzigartig: Es liegt genau auf der Grenze zwischen Frankreich und der Schweiz und ist unseres Wissens nach das einzige Hotel auf diesem Planeten, bei dem das so ist.

Die Geschichte des Hotels geht auf den 8. Dezember 1862 zurück, als sich die schweizerische und französische Regierung auf eine Änderung der Grenze im Tal der Dappes einigten. Der nach dem Tal benannte Vertragstext besagte, dass kein zum Zeitpunkt der Ratifizierung, bestehendes Gebäude von der Änderung der Grenze betroffen wäre. Der kluge Geschäftsmann Monsieur Ponthus ergriff die Gelegenheit, indem er ein Gebäude auf beiden Seiten der neuen Grenze errichtete, um grenzüberschreitende Geschäfte zu tätigen.

Das Gebäude war in Rekordzeit fertig. Als der Vertrag im Februar 1863 von der Schweizer Regierung ratifiziert wurde, war das dreistöckige Gebäude fertig und nicht von der neuen Grenze betroffen. Ponthus eröffnete eine Bar auf der französischen Seite und ein Geschäft in der Schweiz. Das Geschäft existierte dort bis 1921, als Jules-Jean Arbeze das Gebäude kaufte und es in ein französisch-schweizerisches Hotel verwandelte, das noch bis heute dort steht. Die außergewöhnliche Lage des Hotels hat einige kuriose Geschichten hervorgebracht. Während des Zweiten Weltkriegs wurde Frankreich von Nazideutschland besetzt, während die Schweiz neutral blieb. Deutsche Soldaten konnten das Hotel betreten, allerdings nur auf französischem Boden. Um in die oberen Stockwerke zu gelangen, musste man eine Leiter hinaufsteigen, aber die Leiter stand auf Schweizer Gebiet. Die oberen Stockwerke wurden zu einem Zufluchtsort für Flüchtlinge und den Widerstand.

1962, gegen Ende des algerischen Unabhängigkeitskrieges, als ein neutraler Ort für die Unterzeichnung der Evian-Vereinbarungen benötigt wurde, wurde das *Hotel L'Arbézie Franco-Suisse* für die historischen Verhandlungen ausgewählt. Im obersten Stockwerk wurde eine Widerstandszelle eingerichtet, die dem Schutz der Bedrohten und Verfolgten diente.

Heute verläuft die französisch-schweizerische Grenze durch Küche, Esszimmer, Flur und mehrere Zimmer bis hin zu einem Skigeschäft im hinteren Bereich. Die aktuelle Hotelaufteilung sieht ungefähr so aus: Der Speisesaal wird durch die Grenze geteilt. Die Bar befindet sich vollständig in Frankreich, obwohl die Grenze direkt vor der Haustür verläuft. Die Hälfte des Bettes in der Honeymoon-Suite befindet sich in Frankreich und die andere Hälfte in der Schweiz. Die Haupthalle und das Treppenhaus werden durch die Grenze halbiert. Die untere Hälfte der Treppe befindet sich in Frankreich, die obere Hälfte in der Schweiz. Ein weiteres Zimmer hat sein Badezimmer in Frankreich, während der Rest des Zimmers in der Schweiz liegt. Die Dependance des Hotels befindet sich vollständig in der Schweiz.

Heute wird das *Hotel L'Arbézie* von der französischen Gesellschaft SARL L'Arbézie Franco-Suisse betrieben, die Steuern an beide Länder abführt. Als die französische Regierung 2008 das Rauchen in französischen Pubs und Restaurants verbot, galt die Regel auf der schweizerischen und französischen Seite des Speisesaals.

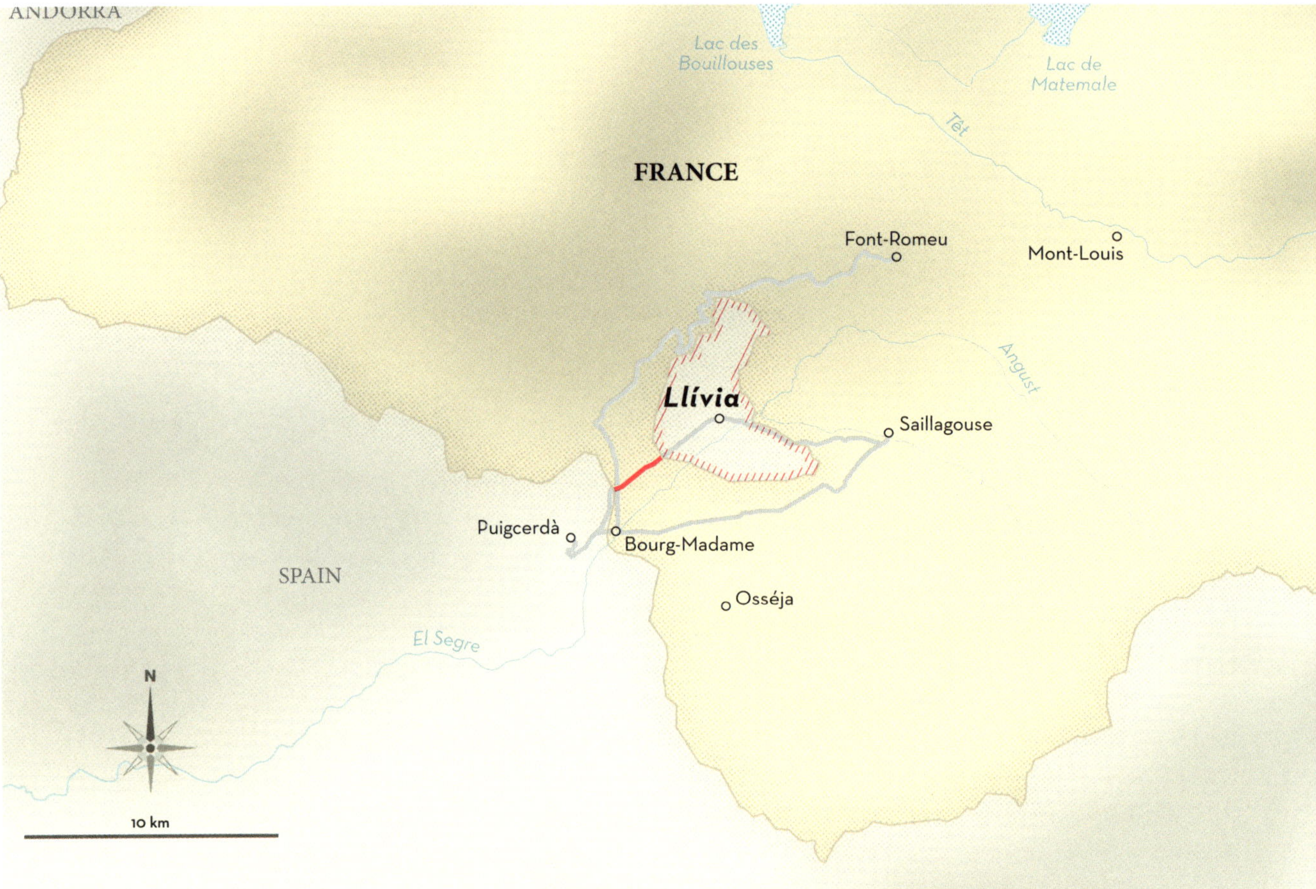
ANDORRA
Lac des Bouillouses
Lac de Matemale
Têt
FRANCE
Font-Romeu
Mont-Louis
Angust
Llívia
Saillagouse
Puigcerdà
Bourg-Madame
SPAIN
Osséja
El Segre
N
10 km

Atlantic Ocean
Mont-de-Marsan
Auch
Toulouse
Biarritz
Sebastián
FRANCE
Tarbes
Carcassonne
Pamplona/ Iruña
Perpignan
ANDORRA
Llívia
Os de Civis
Huesca
SPAIN
Girona
Zaragoza
Lleida
Barcelona
Mediterranean See
N
100 km

Llívia · Frankreich/Spanien

Nur ein Missverständnis machte das „Dorf" spanisch und treue Einheimische sind entschlossen, dies so zu halten

Die von den alten Römern gegründete Stadt Llívia mit 1.450 Einwohnern in den Ausläufern der Pyrenäen war eine Spielfigur in den französisch-spanischen Kämpfen, bis der Pyrenäenfrieden 1659 (der einen 11-jährigen Krieg zwischen den beiden Nationen beendete) 33 „Dörfer" in der Cerdagne-Ebene an Ludwig XIV. von Frankreich übergab.

Die Franzosen dachten, Llívia sei einbezogen, aber die Spanier betrachteten das Gebiet nicht als Dorf (*pueblo*), sondern als Stadt (*villa*). Die patriotischen Einwohner von Llívia, die Spanier bleiben wollten, bemerkten die Diskrepanz und behaupteten, der Vertrag habe nichts mit ihnen zu tun und die Franzosen müssten zustimmen. Der Enklavenstatus von Llívia war also das Ergebnis eines Missverständnisses der Definition von „Dorf".

Vor der Einführung des Euros im Jahr 1992 waren französische Franken und spanische Peseten in Llívia frei im Umlauf. Laut einigen Einheimischen dauerte es aufgrund lächerlicher bürokratischer Vorschriften im Zeitalter vor dem Internet 15 Tage, bis ein Brief aus einem nah gelegenen französischen Dorf – nur ein paar Kilometer entfernt – ankam und um dasselbe französische Dorf von Llívia aus anzurufen, war es nötig, eine internationale Vorwahl zu wählen.

© Lliviés

© Medol

Mit dem Euro im Umlauf bleiben die Preise in Llívia viel niedriger als die in Frankreich. Infolgedessen kaufen immer mehr französische Dorfbewohner dort ein und Llívias Beziehungen zu seinen französischen Nachbarn haben sich so weit verbessert, dass es ein Krankenhaus mit Frankreich teilt. Einige andere kommunale Dienstleistungen werden ebenfalls von beiden Ländern gemeinsam verwaltet und finanziert.

Und doch bleibt das moderne Llívia stark katalanisch, mit der katalanischen Flagge, die von den Dächern der meisten Häuser weht und nur sehr wenige Menschen sind bereit, mit einem Besucher Französisch zu sprechen – ungewöhnlich für eine von Frankreich umgebene „Stadt". In Llívia ist es schwierig, eine Flasche französischen Wein zu kaufen und nur ein Prozent der ständigen Bevölkerung sind Franzosen. Am Tag des Unabhängigkeitsreferendums von Katalonien im Jahr 2019, als Spanien das Internet in der gesamten Provinz abschaltete, beschloss der Bürgermeister von Llívia, die französische Internetverbindung zu nutzen, damit die Abstimmung fortgesetzt werden konnte. Sie brachten die Stimmzettel sogar nach Frankreich, um sie für alle Fälle auszählen zu lassen.

Was dem Besucher von Llívia auch auffällt, ist die Anzahl von Apotheken, die alle Arten von Kräuterheilmitteln aus Pyrenäenpflanzen und Wildblumen verkaufen – Llívias wichtigste „Industrie". Charakteristischerweise ist die beliebteste Attraktion der Stadt eine Apotheke: *Farmacia de Esteva*, die 1594 gegründet wurde und sich selbst als „Europas älteste Apotheke" vermarktet.

Ob letzteres zutrifft oder nicht, Llívia, das vom Reiseführerautor Karl Baedeker in seinem Südfrankreich-Reiseführer verächtlich als „ein schmutziges Dorf uralten Ursprungs mit einigen verbliebenen Ruinen" bezeichnet wurde, ist jetzt makellos sauber und beruhigend gesund. Heute ist Llívia durch eine 4 km lange „neutrale Straße" ohne Zollkontrolle mit Spanien verbunden.

Pointe Sainte-Anne
Baie
du Figuier
Hondarribia
Hendaye
SPAIN
FRANCE
Île aux Faisans
Irun
Bidassoa
N
2 km

Atlantic
Ocean
Mont-de-Marsan
Auch
Toulouse
Biarritz
San Sebastián
Île aux Faisans
FRANCE
Tarbes
Carcassonne
Pamplona/
Iruña
ANDORRA
Perpignan
Os de Civis
Huesca
SPAIN
Girona
N
Zaragoza
Lleida
Barcelona
Mediterranean
See
100 km

Fasaneninsel • Frankreich/Spanien

Eine weltweit einzigartige Insel, die alle sechs Monate den Besitzer wechselt

Die Fasaneninsel (oder Konferenzinsel) ist eine kleine Binneninsel von 3.000 Quadratmetern inmitten des Grenzflusses Bidasoa, zwischen Frankreich und Spanien. Wir kennen den Ursprung dieses Namens nicht, weil auf dieser Insel nur Enten – aber niemals Fasane – gesichtet wurden.

Rein rechtlich gesehen hat – seit dem Vertrag von Bayonne 1856, der in einer Konvention verfügte, dass die Fasaneninsel ein Kondominium sei, das von Frankreich und Spanien zusammen regiert werden solle – die Souveränität über die Insel alle sechs Monate gewechselt. Dies ist das einzige Beispiel in den gegenwärtigen internationalen Beziehungen mit wechselnder Souveränität über dasselbe Territorium: vom 1. August bis 31. Januar für Frankreich und vom 1. Februar bis 31. Juli für Spanien.

Das Kondominium wird von zwei Vizekönigen verwaltet.

Der französische Vizekönig ist Kommandant der Marine in Bordeaux, seit der Marinestützpunkt Adour in Bayonne im Juli 2015 geschlossen wurde. Der Schriftsteller Pierre Loti war einer dieser Vizekönige. Auf spanischer Seite ist der Vizekönig der Kommandant der Marinestation von Hondarribia und von San Sebastian. Am 1. Februar 2012 wurde die Machtübergabe zwischen den beiden Vizekönigen erstmals auf der Insel mit einer Zeremonie gefeiert. Die Insel kann heute nicht mehr besucht werden, ist aber von der Joncaux-Küste am Chemin de la Baie (Hendaye) aus gut zu beobachten.

© Zarateman, CC0, via Wikimedia Commons

Diese winzige Insel war immer wieder Schauplatz außergewöhnlicher Ereignisse.
1526 wurde Franz I., der nach der Niederlage von Pavia 1525 in Spanien gefangen worden war, in einem Boot vor der Insel im Austausch gegen seine beiden – als Geiseln genommenen – Söhne freigelassen. 1615 tauschten hier die französischen und spanischen Botschafter zwei königliche Verlobte aus: Isabelle, die Tochter von Heinrich IV., König von Frankreich, Philippe IV. versprochen, und seine Schwester, Anna von Österreich, bestimmt für Ludwig XIII. 1659 traf König Ludwig XIV. dort mit dem König von Kastilien zusammen, um den Pyrenäenvertrag zu unterzeichnen, der die lange Kriegszeit zwischen Frankreich und Spanien beendete. Im Juni 1660 wurde die Hochzeit Ludwigs XIV. mit Maria Theresia von Österreich, der Tochter von König Philipp IV., dort besiegelt. 1861 wurde ein Denkmal – zur Erinnerung an die Konferenz von 1659 – von den beiden angrenzenden Ländern errichtet. Am 4. Dezember 1904 kämpften Paul Déroulède und Jean Jaurès nach einem ironischen Artikel von Jaurès in seiner Zeitung *L'Humanité* gegen die Insel. Déroulède, nationalistischer Abgeordneter, soll gegenüber Jaurès, dem damaligen Vorsitzenden der sozialistischen Partei, gespöttelt haben: „Sie sind der abscheulichste Gewissensbrecher, der jemals das Spiel der Ausländer in Frankreich gespielt hat." Ihr Waffenduell endete unentschieden. Einige Jahre später, am 31. Juli 1914, war es unter anderen Umständen tatsächlich eine Pistole (die von Raoul Villain), die dem Leben von Jean Jaurès im Café Croissant in Paris ein Ende setzte (siehe der Reiseführer *Verborgenes Paris*, ebenfalls erschienen im Jonlgez Verlag). Am 23. Oktober 1940 fand auf Fasaneninsel ein Treffen zwischen Adolf Hitler und General Francisco Franco statt. Der Legende nach ließ Franco den Führer mehr als 30 Minuten warten; Historiker sprechen von acht Minuten. Während dieses Interviews wird Franco das Nicht-Engagement Spaniens an der Seite Deutschlands bestätigen, eine Weigerung, die nach dem Zweiten Weltkrieg von größter Bedeutung war.

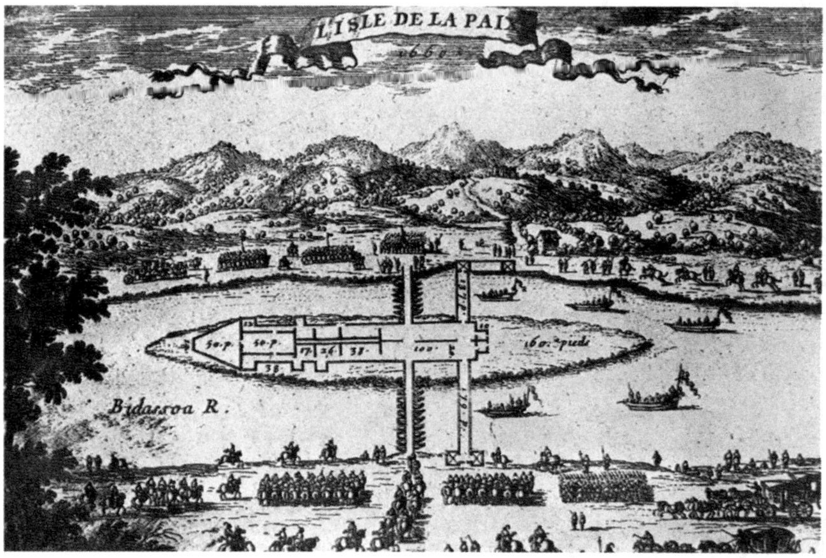

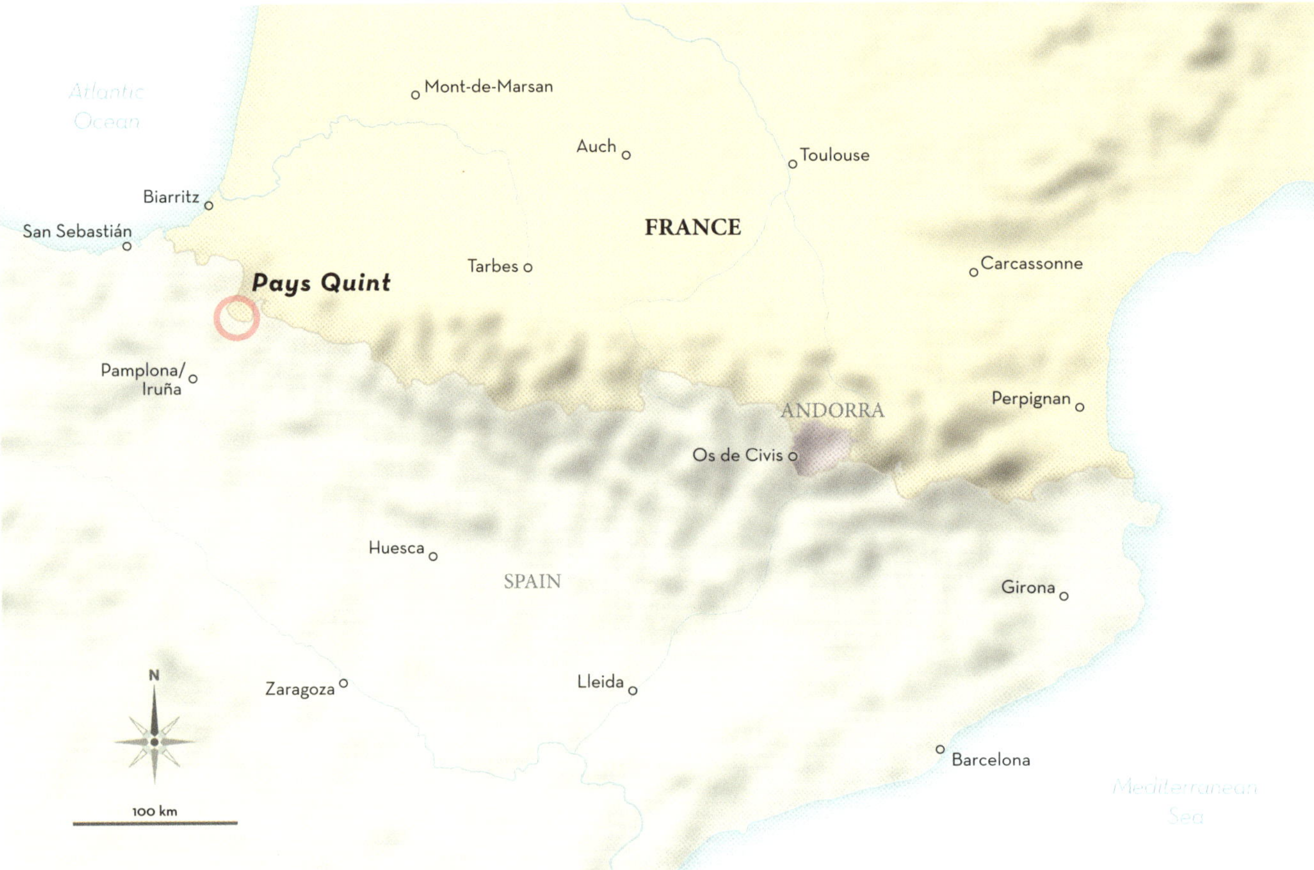

© Michel Séguret

Das Land Quint • Frankreich/Spanien

Ein spanisches Territorium, das von Frankreich verwaltet wird

Das Land Quint, *Kintoa* auf Baskisch oder *Quinto Real* auf Spanisch, liegt an der französisch-spanischen Grenze, südlich des Aldudes-Tals (französisches Baskenland). Der nördliche Teil gehört zu Spanien, wird aber von Frankreich verwaltet, das eine jährliche Miete zahlt, um von diesem Recht Gebrauch zu machen. Das erklärt auch, warum dieses Gebiet auf Karten als französischer Besitz dargestellt wird.
Der Name Quint leitet sich von dem 1237 geschaffenen *droit du quint* ab, das historisch gesehen das Recht für Schweine, Eicheln zu fressen war. Dieses Recht ermöglichte es, Eicheln zu ernten und diese den Schweinen, die im Sommer auf die Weiden in den königlichen Bergen von Navarra geführt wurden, zum Fressen zu geben. Dieses Recht erlaubte den königlichen Behörden, ein Fünftel des Wertes der Schweine in Steuern zu erheben (daher der Name „Quint“).
Im 14. Jahrhundert beherrschte das unabhängige Königreich Navarra die Pyrenäen: Die Gemeinden Baigorri (im Norden) und die Täler von Erro und Bazatan (im Süden) lebten im Großen und Ganzen friedlich miteinander. Die ab und zu aufgetretenen Konflikte wurden zügig und bestimmt gelöst.
Dennoch kämpfte Aragon 1512 erfolgreich um den Besitz des Königreichs von Navarra, das dann durch eine Reihe von Allianzen in das Königreich Spanien integriert wurde. Das Königreich Navarra wurde dann in zwei Teile geteilt: Das obere Navarra im Süden wurde Spanien gegeben. Das untere Navarra blieb unabhängig, bis der König, Heinrich III. von Navarra, unter dem Namen Heinrich IV. König von Frankreich und Navarra wurde.
Bis 1700 durften in diesem Gebiet keine Häuser gebaut werden. Es waren die jungen Söhne von Baïgorry, die dieses Verbot ignorierten und sich dort niederließen, bevor sie die Pfarreien Aldudes, Banca und Urepel (jetzt nördliches Land Quint) grundeten. Viele Schlachten folgten. Laut baskischer Tradition, die sicherstellte, dass das Vermögen und die Titel einer Familie an den ältesten Sohn oder die älteste Tochter gingen, von der Erbfolge ausgeschlossen, waren die jüngeren Söhne dazu bestimmt, Priester, Soldaten oder Fischer zu werden. Das erklärt teilweise die große baskische Diaspora in Süd- und Nordamerika.
Nachdem das Land Quint vom Vertrag der Pyrenäen (1659), der die Grenze zwischen Frankreich und Spanien nach dem Prinzip der Wasserscheide festlegte, ignoriert wurde, erhielt es dank des Vertrages von Bayonne im Jahr 1856 seinen heutigen Status: Spanien bekam das gesamte Land Quint (sowohl die 25 km² des nördlichen als auch des südlichen Teils), aber Frankreich bekam für eine jährliche Pacht das Recht für die Nutzung des nördlichen Teil (Aldudes, Banca, Urepel) und für die Beweidung des südlichen Teils (die Täler von Erro und Bazatan) durch seine Herden.
Bis heute besteht der hybride Status des nördlichen Landes Quint: Die französische Post stellt dort die Post zu, obwohl Spanien für Strom und Sicherheit sorgt. Die Verwaltung des Territoriums wird von der Gemeinde Urepel (Frankreich) und dem Departement Pyrénées-Atlantiques betrieben. Heute leben nur etwa fünfzehn Franzosen in diesem spanischen Land, in dem 1979 der Strom und 1983 das Telefon installiert wurde: Sie zahlen ihre Grundsteuer in Spanien, aber die Gebäude- und Einkommenssteuer in Frankreich. Die Kinder besuchen eine französische Schule und bekommen die Leistungen der französischen Familienbeihilfe.

Atlantic
Ocean
Mont-de-Marsan
Auch
Toulouse
Biarritz
San Sebastián
FRANCE
Tarbes
Carcassonne
Pamplona/
Iruña
ANDORRA
Perpignan
Os de Civís
Huesca
SPAIN
Girona
N
Zaragoza
Lleida
Barcelona
100 km
Mediterranean
See

Os de Civís · Spanien/Andorra

Ein spanisches Dorf, das nur mit dem Auto über Andorra zu erreichen ist

Os de Civís ist ein besonderes Dorf mit einer seltenen Geographie. Mit dem Auto aus dem Rest Spaniens ist es nur über Andorra, die Länderenklave zwischen Frankreich und Spanien, zu erreichen.
Os de Civís ist daher der seltene Fall einer Pene-Enklave (praktische Enklave – siehe Seite 7).
Da es sich um einen äußerst begrenzten Zugangspunkt handelt, gibt es bei Fahrten zwischen den beiden Ländern keine Grenzkontrolle. Das ist eine einzigartige Situation in Andorra, weil alle anderen Routen über die Grenze eine haben, da Andorra weder Teil des Schengen-Raums noch Mitglied der Europäischen Union ist. Os de Civis ist fast vollständig von Andorra abhängig, obwohl sein Stromnetz seit 1982 mit Spanien verbunden ist. Sowohl das obere als auch das untere Seturia-Tal liegen in Andorra: Die einzige direkte Verbindung mit dem benachbarten spanischen Civís-Tal ist ein Bergpfad, der nur zu Fuß begehbar ist und über den zusammenlaufenden Gebirgspass auf einer Höhe von 2.177 Metern führt.

Vaduz
AUSTRIA
LIECHTENSTEIN
Rhein
Chur
Davos
SWITZERLAND
Zermez
Engadina
Livigno
Saint Moritz
Bormio
Poschiavo
Valtellina
Tirano
Locarno
Sondrio
Morbegno
Lugano
Campione d'Italia
ITALY
Lake Maggiore
Lake Como
Lecco
Varese
Como
Lake Iseo
Bergamo
Brescia
Lake Garda
N
Milano
50 km

Campione d'Italia · Italien/Schweiz

Die in der Schweiz eingeschlossene italienische Stadt ist eine auffällige Verschmelzung gegensätzlicher nationaler Merkmale

Campione d'Italia, eine italienische Enklave in der Schweiz mit einer Fläche von 2,68 km² und 1.900 Einwohnern, ist politisch italienisch, aber wirtschaftlich schweizerisch. Die Einwohner wählen in Italien, werden aber in Schweizer Franken bezahlt, um den schweizerischen Preisen zu entsprechen.

Schweizer Franken sind die Währung der Stadt, in der Recht und Ordnung der italienischen Polizei anvertraut sind, wobei die meisten Polizisten aus Como kommen. Jedes Mal, wenn ein Polizist nach Hause zurückkehrt, muss er seine Waffen in Campione lassen – in Übereinstimmung mit einem Schweizer Gesetz, welches verbietet, dass Ausländer in der Schweiz Waffen tragen.

Die Campionesen fahren mit „TI"-Nummernschildern – für den Schweizer Kanton Tessin, von dem sie umgeben sind –, versenden aber ihre Post mit italienischen Briefmarken. Sie können zwischen schweizerischen und italienischen Postleitzahlen wählen, wobei die meisten erstere der notorisch langsamen und unzuverlässigen italienischen Post vorziehen. Sie kaufen Lebensmittel in der Schweiz ein, wo sie ungehinderten, passfreien Zugang haben und Kleidung in Italien, wo italienische Grenzschützer routinemäßig ihre italienischen Pässe kontrollieren. Obwohl Campione zu Italien gehört, gehört es nicht zur EU. Trotzdem haben die Einwohner von Campione – als Inhaber eines italienischen Passes – das Recht, in jedem EU-Mitgliedstaat zu leben und zu arbeiten, jedoch nicht in der Schweiz, auf deren Territorium sich die Stadt befindet. Campione ist Teil des Zollgebiets der Europäischen Union, aber nicht der EU per se, denn die Steuersätze von Campione bleiben die der Schweiz, die viel niedriger sind als in Italien.

Campiones bemerkenswerte Dualität begann im Jahr 777 n. Chr., als der örtliche Landbesitzer Totone versuchte, sich einen Ablass für seine Sünden zu erkaufen, indem er all seine Besitztümer, einschließlich des kleinen Fischerdorfes Campione, das damals Teil der Diözese Como war, der Basilika St Ambrosius in Mailand spendete. Infolgedessen fiel Campione unter die Herrschaft der Mailänder Kirchenbehörden und nicht unter die des nahe gelegenen Como, was logischer gewesen wäre. Der Abt von St. Ambrosius hatte während des gesamten Mittelalters die geistliche Kontrolle über Campione. Jedoch wurden die täglichen Angelegenheiten des Dorfes stark von der Schweizer Region Lugano beeinflusst. Diese Ambivalenz hielt an, bis die Schweizer 1512 den vollständigen Besitz der Region erlangten, die den heutigen Kanton Tessin umfasste. Da Campione ein Ausreißer von Mailand blieb, wurde es zu einer vollständigen Enklave innerhalb der Schweiz. Die Schweizer versuchten des Öfteren, die Kontrolle über Campione zu bekommen, was aber nicht gelang. Kurz nachdem das Dorf 1861 dem neuen Königreich Italien angegliedert wurde, trat eine internationale Konvention zur Festlegung der Grenzen von Campione in Kraft, die das Schicksal der Enklave besiegelte.

Diese kleine italienische Stadt erscheint einem zufälligen Besucher als „un-italienisch" oder „echt schweizerisch" – in ihrer Sauberkeit, dem Fehlen von Wäsche auf den Balkonen und dem ruhigen Verhalten der Einheimischen, die selten ihre Stimme erheben. Es ist, als ob zwei scheinbar unvereinbare Lebensstile und nationale Besonderheiten recycelt und auf weniger als drei Quadratkilometern ordentlich verpackt wurden.

Mit den Worten des italienischen Schriftstellers Giovanni Cenzato bleibt Campione „ein kleiner italienischer Junge in Schweizer Tracht".

Vaduz
LIECHTENSTEIN
AUSTRIA
Chur
Rhein
Davos
SWITZERLAND
Zermez
Munt la Schera
Tunnel
Engadina
3 093 m
2 784 m
Livigno
3 090 m
Foscagno Pass
Saint Moritz
2 291 m
Bormio
2 315 m
Forcola di Livigno
3 182 m
Poschiavo
Valtellina
Tirano
Sondrio
Locarno
Morbegno
Lugano
ITALY
Lake
Maggiore
Lake
Como
Lecco
Varese
Como
Lake
Iseo
Bergamo
Brescia
Lake
Garda
N
Milano
50 km

Livigno · Italien

Ein zollfreies Tal in den italienischen Alpen, kein Mitglied der EU, mit dem Recht, seine nicht existierenden Schiffe in den Häfen des Schwarzen Meeres zu ankern

Livigno – ein 13 Kilometer langes Alpental in der italienischen Provinz Sondrio – ist mit seinen 5.000 Einwohnern ein zollfreies Gebiet, das durch ein Sonderprotokoll von der EU-Mitgliedschaft ausgeschlossen ist: Die italienische Mehrwertsteuer wird nicht abgeführt.

Von außerhalb kommen Besucher, um Waren zu kaufen, aber die Mengen werden von den örtlichen Behörden und dem italienischen Zoll strikt kontrolliert (z. B. eine 10er-Packung Zigaretten oder vier Liter Wein). Der Kauf von Benzin ist auch viel billiger, obwohl Sie nur den Auto-Tank füllen und einen 10 Liter Kanister mitnehmen dürfen. Steuervorteile für Livigno gab es bereits im 16. Jahrhundert (und im frühen 17. Jahrhundert, als das Tal von der Familie Grigioni regiert wurde, genoss es sogar eine kurze Periode völliger Unabhängigkeit).

Ihm wurden auch Zollvorteile von Napoleon gewährt, die später 1818 vom österreichisch-ungarischen Reich bestätigt wurden. Sie wurden 1910 ebenfalls vom Königreich Italien und 1960 von der Italienischen Republik und der Europäischen Wirtschaftsgemeinschaft bestätigt. Livigno kann nicht als Steueroase angesehen werden, da keine Mehrwertsteuer, wohl aber Einkommenssteuer gezahlt wird.

Dieser Sonderstatus ist gerechtfertigt durch die Schwierigkeit, Livigno im Winter zu erreichen und die jahrhundertelange Armut in dieser Region. Bis zum Winter 1952–1953, als die erste im Winter befahrbare Straße von der Schweiz aus gebaut wurde (unter dem Schutz des italienischen Finanzministers, der aus dem benachbarten Veltlin stammt), war Livigno bis zum Frühjahr vollständig vom Rest der Welt abgeschnitten. Noch heute ist der im Jahr 1914 eingeweihte Foscagno-Pass die einzige Straße von Italien nach Livigno.

Verschiedene Staaten und schließlich auch Italien wollten mit dieser Maßnahme sicherstellen, dass die Menschen einen Anreiz haben, in dem Gebiet zu leben, damit sie es territorial beanspruchen können. Dennoch wären die Steuereinnahmen von Livigno ohnehin vernachlässigbar gewesen.

Nur drei Straßen führen in die Stadt. Zwei Verbindungen in die Schweiz, eine durch die Forcola di Livigno, mit einer Höhe von 2.315 Metern und nur im Sommer geöffnet, und die zweite durch den Tunnel Munt la Schera. Der dritte verbindet das Tal auf einer Höhe von 2.291 Metern mit anderen Teilen Italiens.

Wenn Sie Livigno verlassen, um in den Rest Italiens zu reisen, gibt es eine Zollkontrolle.

Das Tal hat auch seine eigene Sprache. Ja, nicht nur einen Dialekt, sondern eine Sprache. Im Gegensatz zu anderen Sondrio-Dialekten (Bormino, Tiranese usw.) schließt das Livignasc viele rätoromanische, spanische und deutsche Wörter mit ein und wird daher in anderen Teilen Italiens nicht verstanden. Es ist eigen genug, um ein Italienisch-Livignasc-Wörterbuch zu rechtfertigen, dessen erste und bisher einzige Ausgabe von einer Gruppe lokaler Enthusiasten zusammengestellt wurde.

Mit all seinen Hotels und Duty-Free-Shops kann Livigno getrost als das Handelszentrum der Rätischen Alpen angesehen werden. Alle Geschäfte sind von morgens bis spät abends geöffnet (mit zweistündiger Mittagspause), sieben Tage die Woche, 365 Tage im Jahr. Vor einiger Zeit wollte eine gläubige Katholikin ihr Geschäft sonntags schließen, aber die Behörden von Livigno lehnten ab. In Livigno, wo die Geschäfte über 3.000 Menschen beschäftigen – mehr als die Hälfte der Einwohner –, kam duty-free offensichtlich vor religiösen (oder anderen) Pflichten.

Hoch in den Rätischen Alpen gelegen, zwischen den Tälern von Valtellina und Engadina, ist Livigno neben mehreren anderen italienischen Dörfern offiziell und überraschenderweise (wir haben noch nicht herausgefunden, warum) Teil des Wirtschaftsraums Donaubecken. Das bedeutet, dass es das Recht auf einen freien Ankerplatz in den Häfen des Schwarzen Meeres genießt – aber es hat keine Seeschiffe.

SWITZERLAND
HUNGARY
SLOVENIA
Milan
Venice
CROATIA
FRANCE
BOSNIA AND
HERZEGOVINA
SERBIA
ITALY
Adriatic
Sea
MONTENEGRO
Kosovo
Rome
NORTH
MACEDONIA
Naples
ALBANIA
Tyrrhenian
Sea
N
GREECE
200 km

Der Malteserorden

Die einzige private Organisation der Welt mit den Privilegien eines eigenen Landes: Extraterritorialität, Botschaften...

Der Souveräne Militär-Hospitalier-Orden des Heiligen Johannes von Jerusalem, Rhodos und Malta, je nach geschichtlicher Epoche besser bekannt als Krankenhausorden, Hospitalorden, Rhodos-Orden oder Malteser-Orden, ist einer der ältesten katholischen religiösen Orden, dessen aktuelle Mission es ist, den Glauben zu verteidigen und Armen und Kranken zu helfen. Diese dem Heiligen Johannes dem Täufer geweihte Klostergemeinschaft wurde in der zweiten Hälfte des 11. Jahrhunderts von Kaufleuten aus der ehemaligen Republik Amalfi in Jerusalem gegründet, um Pilgern ins Heilige Land zu helfen und wurde 1113 von Papst Paschalis II. als religiöser Orden anerkannt.
In der Folge der Eroberung Jerusalems nach den Kreuzzügen 1099 wurde der Orden schnell militärisch, ein paar Jahre, bevor sich die Tempelritter hier niederließen. Nach dem Verlust von Jerusalem und Saint-Jean-d'Acre im Jahr 1291 zog sich der Orden von 1291 bis 1309 nach Zypern zurück. Aufgrund der wachsenden Rivalität mit dem König von Zypern eroberte der Orden Rhodos, das zu jener Zeit unter byzantinischer Herrschaft stand, und baute 1310 dort seinen neuen Hauptsitz auf, der bis 1523 Bestand hatte. Aufgrund seiner Insellage baute der Orden eine Flotte auf, die sich einen Namen machte. Von den Türken besiegt, zog der Orden nach Civitavecchia, dann nach Viterbo in Italien, bevor er nach Nizza ging und sich dann 1530 in Malta niederließ, das ihm von Karl V. anvertraut wurde, der verstand, dass der Orden ihm helfen würde, ottomanische Offensiven abzuwehren. Napoleon vertrieb ihn 1798 und schließlich wurde er 1834 vom Papst in Rom willkommen geheißen.
Vor dem Verlust von Malta setzte sich der Orden vor allem aus gläubigen Mitgliedern zusammen, die die drei Gelübde der Armut, der Keuschheit und der Gehorsamkeit abgelegt hatten. Noch heute sind einige Mitglieder des Ordens Mönche, aber die meisten aber die meisten sind heute weltliche Ritter und Damen (aktuell mehr als 12.500). Die militärische Funktion wurde seit 1798 nicht mehr ausgeübt. Früher mussten die Ordensritter aus adligen und ritterlichen christlichen Familien stammen, heute genügt es, sich durch seinen Glauben, Moral und Verdienste um die Kirche und den Orden hervorzuheben. Freiwillige sind zwar immer willkommen, formale Bewerbungen sind jedoch nicht zugelassen.
Der Orden unterhält über Botschaften diplomatische Beziehungen zu 104 Ländern. Er hat einen besonderen Status, der ihn zur einzigen privaten Organisation macht, die fast wie ein eigenständiges Land behandelt wird. Seine Aktivitäten werden aus Spenden von Ordensmitgliedern, privaten Spenden und Einnahmen aus dem Besitz des Ordens finanziert.
In Rom hat der Orden zwei Sitze, die den Status der Extraterritorialität genießen: den Palast von Malta, in der Via dei Condotti Nr. 68, in dem der Großmeister residiert und wo sich die Regierungsorgane treffen, und die Villa Malta im Viertel Aventine, in dem das Großpriorat von Rom, die Botschaft des Ordens beim Heiligen Stuhl und die Botschaft beim italienischen Staat ihren Sitz haben.

SWITZERLAND
HUNGARY
SLOVENIA
Milan
Venice
CROATIA
FRANCE
San Marino
BOSNIA AND HERZEGOVINA
SERBIA
ITALY
Adriatic Sea
MONTENEGRO
Kosovo
Rome
NORTH MACEDONIA
Naples
ALBANIA
Tyrrhenian Sea
GREECE
N
200 km

San Marino

Ein enklavierter Ministaat und älteste Republik der Welt

San Marino mit 61 km^2 und 33.000 Einwohnern ist vollständig von Nord-Zentral-Italien umgeben und ein von der UNO offiziell anerkannter Mikrostaat mit Enklave. Es ist die älteste Republik der Welt, die im 4. Jahrhundert n. Chr. gegründet wurde.

Mit seinem Ruf, ein Hafen des Friedens und Freiheit zu sein, öffnete es während des Zweiten Weltkriegs seine Grenzen für mehr als 100.000 Flüchtlinge aus den von den Nazis besetzten Ländern.

Das moderne San Marino hat eine der kompliziertesten und proportional größten Regierungs- und Justizbürokratien der Welt.

Der Mikrostaat hat drei separate, freiwillige Armeen: die Territorialarmee, die Fortification Guards und die Noble Guards, ganz zu schweigen von seinem traditionellen Armbrustkorps. In San Marino gibt es keine Kriminalität, aber ein Gefängnis mit vier Zellen (mit Fitnessstudio, Privatbibliothek und Fernsehraum), und es hat zwei Polizeikräfte – die Gendarmerie und die Zivilpolizei.

Die herrschende Hierarchie der Republik, die sich selbst bescheiden „Serenissima" (die Gelassenheit) nennt, wahrscheinlich um die venezianische Republik zu imitieren, wirkt so schwerfällig, dass es an Wahnsinn grenzt. Sie besteht aus sechs Gremien: dem Arengo, dem Großen- und dem Generalrat, dem Kapitänsregenten, dem Rat der Zwölf, den Sindaci (hohen Beamten) und dem Staatskongress.

Der Arengo, die Versammlung der Familienoberhäupter, war früher das Parlament des Landes. Jetzt hat er nur noch eine vage Funktion: das Petitionsrecht.

Der Große- und Generalrat mit 60 Sitzen, San Marinos höchstes gesetzgebendes Organ, ernennt zwei Kapitänsregenten, die sechs Monate lang gemeinsam regieren und dann wiedergewählt werden können. Die Exekutivgewalt übt der Staatskongress aus, der sich aus drei Sekretären und sieben Ministern zusammensetzt, darunter der Minister für Kultur und Universitäten.

Die Hauptaufgabe des Rates der Zwölf besteht darin, „den Verkauf und die Übertragung von Mitgift durch die Frau zu genehmigen". Was den mysteriösen Sindaci betrifft, so handelt es sich lediglich um die Regierungsinspektoren, die den Staat vertreten. Es gibt auch das Castle Board, dem der Captain of the Castles vorsteht und der sich aus Delegierten der neun Bezirke (Burgen) von San Marino zusammensetzt.

Die Struktur der Justiz ist kompliziert, da 25 Prozent der Bevölkerung in der „öffentlichen Verwaltung" beschäftigt sind. Leider, oder vielleicht zum Glück, haben wir nicht genug Platz, um das hier zu beschreiben.

Eines ist sicher, es ist sehr schwer zu erfahren, wer in San Marino wofür zuständig ist …

Es gibt nur zwei weitere vollständig eingeschlossene Länder auf der Welt (die weder Zugang zu einem Meer noch zu einem großen See oder Fluss haben): der Vatikan und Lesotho.

CZECH REPUBLIC
GERMANY
SLOVAKIA
AUSTRIA
SWITZERLAND
HUNGARY
Gorizia
SLOVENIA
Milan
FRANCE
Venice
CROATIA
BOSNIA AND
HERZEGOVINA
SERBIA
ITALY
Adriatic
Sea
MONTENEGRO
Kosovo
Rome
Naples
ALBANIA
Tyrrhenian
Sea
GREECE
ALGERIA
TUNISIA
N
Mediterranean
Sea
200 km

Gorizia-Transalpina-Platz/ Nova Gorica, Europa-Platz · Italien/Slowenien

Der einzige Stadtplatz der Welt, der durch eine internationale Grenze geteilt wird und Schauplatz einer der bizarrsten Checkpoint-Proteste ist

Südöstlich von Udine, nordwestlich von Triest, spielt die Grenze zwischen Italien und Slowenien verrückt. Sie trennt die italienische Stadt Gorizia und die slowenische Stadt Nova Gorica, teilt den Hauptplatz der Stadt in der Mitte und bildet einen besonderen öffentlichen Raum, der auf slowenischer Seite Europaplatz und auf italienischer Seite Transalpina-Platz genannt wird. Es ist der einzige Stadtplatz der Welt, der gemäß dem Pariser Friedensvertrag vom Februar 1947 durch eine internationale Grenze geteilt ist.

Der Bahnhof in der Mitte des Platzes wurde 1906 fertiggestellt, als die gesamte Region Goriška (il Goriziano auf Italienisch) noch Teil der österreichisch-ungarischen Monarchie war.

Nach dem Ersten Weltkrieg wurde gemäß dem Vertrag von Rapallo die gesamte Region Primorska Litorale Italien angegliedert. Als Italien im Laufe des Zweiten Weltkriegs (1943) kapitulierte, wurde die Region von Deutschland besetzt. Im Mai 1945 drangen jugoslawische Soldaten in Gorizia ein und ab dem 12. Juni 1945 wurde das Gebiet durch eine provisorische Grenze namens Morgan-Linie geteilt, wobei Zone A von den Alliierten und Zone B von Jugoslawen kontrolliert wurde. Die Stadt Gorizia wurde italienisch und der Bahnhof befand sich daneben auf jugoslawischem Gebiet.

Nova Gorica ist eine neue Stadt, die 1948 auf Befehl von Marschall Tito, dem damaligen Präsidenten Jugoslawiens, gegründet wurde. Erst 1980 wurden unter Missachtung kommunistischer Prinzipien mehrere große Casinos eröffnet. Die Einheimischen durften jedoch nicht spielen. Laut einem jugoslawischen Reiseführer aus dem Jahr 1988: „Die Nähe der Grenze stimuliert das Wachstum des Geschäfts in der Hotellerie und das Casino ist jetzt eine der Einrichtungen, die Besuchern aus dem Ausland zur Verfügung stehen".

Bis 1954 war der Platz entlang der Grenzlinie durch Stacheldrahtreihen und später durch einen Betonzaun zergliedert. Nach der Gründung Sloweniens 1991 wurden alle Barrieren 2004, als das Land der EU beitrat, teilweise, und in 2011 vollständig beseitigt.

Die Geschichte dieser italienisch-slowenischen Teilung ist weitaus weniger spektakulär als die der Berliner Mauer, doch Hunderte von Menschen, hauptsächlich von jugoslawischer Seite, wurden getötet und verletzt, als sie versuchten, die Grenze illegal zu überqueren, insbesondere in den ersten Jahren, zwischen 1947 und 1950. Dann gingen witzigerweise die gewöhnlichen Sorghum-Besen, die – wie viele andere grundlegende Haushaltsgegenstände – im kommunistischen Jugoslawien knapp waren, im August 1950 in die Geschichte ein, als eine Menge von fast 5.000 Slowenen illegal die Grenze überquerte. Sie protestierten gegen die vorübergehende Schließung des Kontrollpunkts, wodurch sie keine lebensnotwendigen Waren mehr kaufen konnten. Die Menge stoppte kurz vor dem Betreten der Grenze, veranstaltete aber eine friedliche Demonstration auf dem neutralen Land zwischen den beiden Kontrollpunkten – dem slowenischen und dem italienischen – und viele von ihnen schwenkten ihre abgenutzten Besen. Diese spontane Zusammenkunft wurde als „Der Marsch der Besen" oder „Der Besensonntag" bekannt.

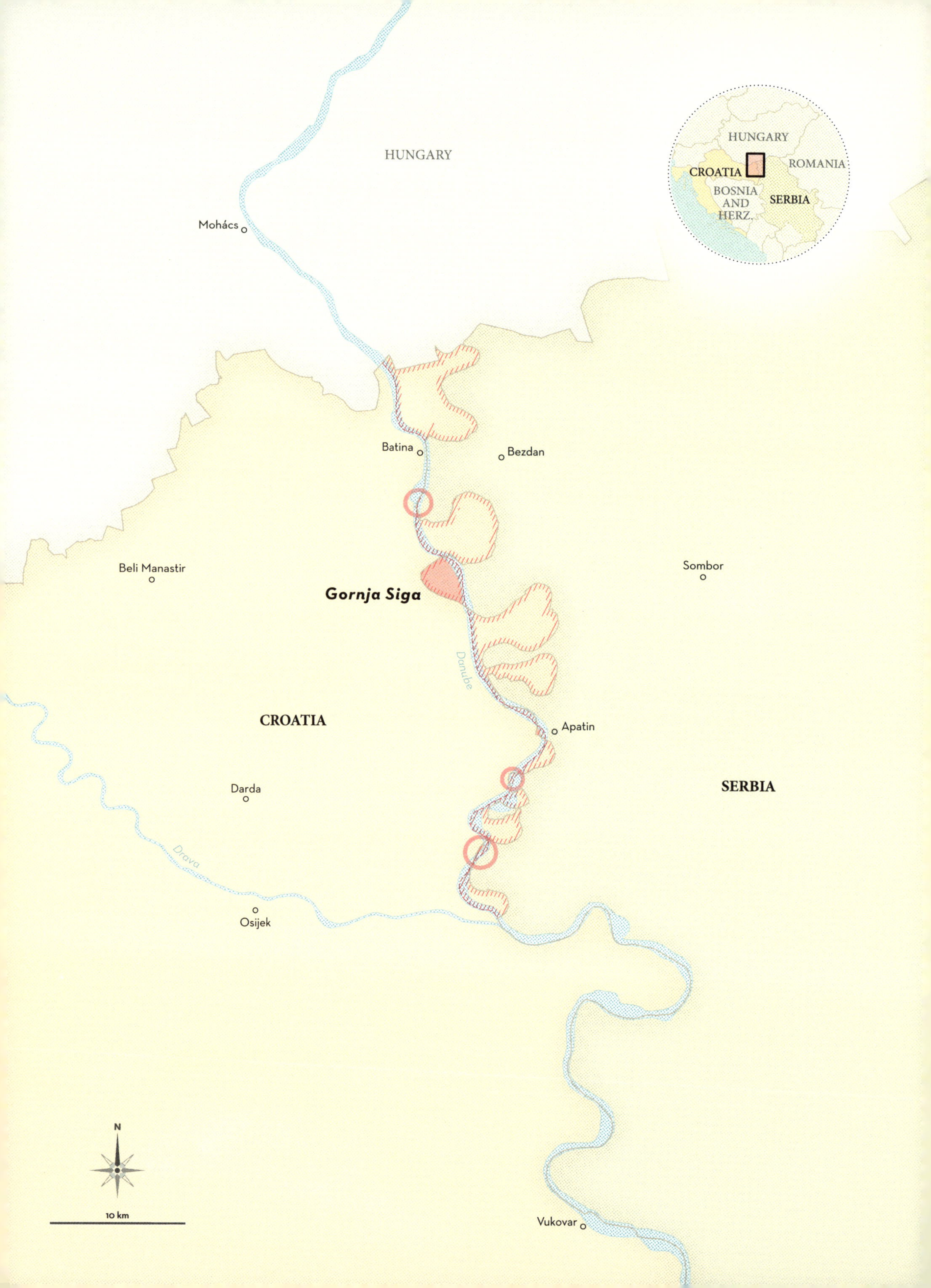

HUNGARY
Mohács
Batina
Bezdan
Beli Manastir
Gornja Siga
Sombor
Danube
CROATIA
Apatin
SERBIA
Darda
Drava
Osijek
Vukovar
N
10 km
HUNGARY
ROMANIA
CROATIA
BOSNIA AND HERZ.
SERBIA

Gornja Siga • Kroatien/Serbien

Ein Gebiet im Herzen Europas, das von keinem Land beansprucht wird

Nach den Jugoslawienkriegen zwischen 1991 und 2001 wurde die serbisch-kroatische Grenze im Nordwesten Serbiens und Nordosten Kroatiens durch den Lauf der Donau bestimmt. Mit anderen Worten, die Linie, die durch die Punkte mit der niedrigsten Höhe in einem Wasserlauf gebildet wird.

Durch Veränderungen im Lauf der Donau entstanden tiefe Mäander (Flussschlingen). Kroatien beansprucht nicht die aktuelle, sondern den ehemaligen Talweg der Donau als Grenze, was natürlich den Vorteil hat, dass ihm das mehr Territorium gibt.

Im Abschnitt der Donau nördlich des Flusses wurde die Drau – acht große Gebiete am Ostufer, begrenzt durch den ehemaligen Lauf der Donau – von Kroatien beansprucht, das vier kleinere Gebiete am Westufer als Teil Serbiens betrachtet. Serbien erkennt diese vier kleinen Territorien natürlich nicht an, nachdem es die von Kroatien beanspruchte Grenze zurückgewiesen hat, was effektiv einem Verlust von wertvollen Quadratkilometern gleichkäme. Kroatien will sie auch nicht anerkennen, weil es die Chance verspielen würde, über den Besitz der acht Territorien am anderen Donauufer zu verhandeln. Dieser territoriale Streit hat zu einer absurden Situation geführt, in der keines der Länder diese vier Gebiete anerkennt, von denen das größte Gornja Siga heißt.

Im Jahr 2015 nutzte ein Tscheche namens Vít Jedlička diese Situation, indem er in Gornja Siga einen Mikrostaat gründete, den er Liberland nannte. Jetzt waren sich Serbien und Kroatien einig: Liberland war nichts weiter als ein amüsanter Scherz, der im Rahmen des Völkerrechts beschränkt war. Offiziell gehört Gornja Siga keinem Land an.

ROMANIA
SERBIA
BULGARIA
Sofia
KOSOVO
Plovdiv
Skopje
NORTH MACEDONIA
Thessaloniki
Thassos
ALBANIA
Halkidiki peninsula
Mount Athos
Karies
2 033 m
Çanakkale
Lemnos
GREECE
Northern Sporades
TURKEY
Aegean Sea
Eubea
Athens
N
100 km

Der Berg Athos • Griechenland

Ein einzigartiger, halbunabhängiger orthodoxer Mönchsstaat, der durch eine Mauer von Griechenland getrennt ist und in dem nur Männer und männliche Tiere erlaubt sind

Der Berg Athos, auch heiliger Berg genannt, ist ein halbunabhängiger orthodoxer Mönchsstaat auf der Halbinsel Chalkidiki in Nordgriechenland. Es ist einer der spirituellsten Orte der Welt, wo Mönche ihr Leben in Gebet und Kontemplation verbringen. Um dorthin zu gelangen, muss ein Ausländer ein „Diamonitirion" erhalten – eine auf zehn pro Tag beschränkte Zutrittsbewilligung für nicht-orthodoxe Personen (per E-Mail zu beantragen).

Der Heilige Berg kann nur vom Meer aus per Boot oder Fähre erreicht werden. Eine Mauer trennt den Berg Athos vom Rest Griechenlands.

Die frühesten Aufzeichnungen deuten darauf hin, dass die ersten Eremiten, die Zuflucht vor den Bilderstürmern suchten, im achten Jahrhundert auf den Berg Athos kamen. 1060 wurde dort eine Mönchsrepublik als autonomes selbstverwaltetes Gebiet Griechenlands errichtet. Heute leben dort rund 2.500 Mönche und Einsiedler in 20 Klöstern (17 griechische, ein russisches, ein bulgarisches und ein serbisches) und vielen kleineren Abteien, Skiten, Zellen und Hütten, alle unter der direkten Jurisdiktion des Ökumenischen Patriarchen von Konstantinopel. Jedes größere Kloster ähnelt einer befestigten mittelalterlichen Stadt mit Türmen, Wassergräben und dicken Steinmauern.

Offiziell dürfen Besucher nur eine Nacht im Kloster bleiben. Am nächsten Tag müssen sie zum nächsten Kloster. Übernachtung, Frühstück und Abendessen wird kostenlos angeboten, Spenden sind jedoch willkommen. Es gibt kein Mittagessen und kein Restaurant außerhalb der „Hauptstadt" Karyes, die sich in der Nähe der Anlegestelle, an der das Boot ankommt, befindet.

Die meisten Klöster besitzen auch einzigartige künstlerische und historische Schätze, die den Besuchern manchmal auf Anfrage oder während Messen gezeigt werden.

Eine Reise zum Berg Athos (offiziell auf fünf Tage beschränkt, aber Visaverlängerungen sind leicht zu bekommen) ist ein einzigartiges Erlebnis. Abgesehen von der wunderschönen Natur (obwohl in letzter Zeit vielerorts große Schotterstraßen gebaut wurden) und der außergewöhnlichen Architektur der Klöster (einige wurden im Mittelalter, andere im 16. oder 17. Jahrhundert erbaut), ist es vor allem eine spirituelle Erfahrung.

Der Berg Athos hat die andere große Besonderheit, dass er für weibliche Wesen – sowohl Mensch als Tier – verschlossen bleibt. Nur ein paar Mönche haben Sondergenehmigungen für die Haltung von Hühnern, deren Eier sie zum Mischen von Farben verwenden. Dieses einzigartige lokale Gesetz wird von der klösterlichen Polizei des Bergstaates – den Serdaris – unermüdlich durchgesetzt. Seit dem Jahr 1006 ist keine „bartlose Person" an seinen Ufern erlaubt. Sogar die Königin von England musste bei einem Besuch in Griechenland die Klöster vom Meer aus bewundern, mindestens 500 Meter vom Ufer entfernt.

Es gab mehrere Fälle von Frauen, die aus Neugierde als Männer verkleidet zum Heiligen Berg kamen. Immer wieder wurden die Eindringlinge von den Serdaris entdeckt und auf das Festland zurückgeschickt. Der letzte registrierte weibliche „Einbruch" war 2008, als vier moldauische Frauen von Menschenhändlern auf dem Berg Athos ausgesetzt wurden.

Der spektakulärste jedoch war im Jahr 1930, als Alice Diplarakou, die kurz vorher den Titel Miss Europe gewonnen hatte (als erste griechische Kandidatin), am Berg Athos an Land ging und dort ein paar Tage verbrachte. Einer der Mönche des Klosters, in dem sie wohnte, verliebte sich Hals über Kopf in sie. Nachdem er sein Gelübde gebrochen hatte, folgte er ihr nach Athen und bat sie, ihn zu heiraten und fand so heraus, dass sie bereits verheiratet war. Als der arme Mönch die Nachricht hörte, wurde er wahnsinnig und verbrachte seine restlichen Tage in einer psychiatrischen Klinik. Er hat den Heiligen Berg nie wieder gesehen.

Im Jahre 1997 fand in Thessaloniki eine Ausstellung der Kunstschätze des Heiligen Berges (unbezahlbare Ikonen und Fresken, die erste Weltkarte des Ptolemäus usw.) statt. Es war der erste Versuch der Mönche, engere Kontakte zur Außenwelt herzustellen. Begeistert von den unaussprechlichen ausgestellten Schätzen reichte eine Gruppe von Feministinnen eine Klage beim Europäischen Gerichtshof für Menschenrechte ein, in der sie forderten, den Status nur für Männer des heiligen Berges aufzuheben. Der Antrag wurde abgelehnt.

TURKEY
SYRIA
LEBANON
Yialousa
Karpas Peninsula
Kyrenia
Turkish Republic of Northern Cyprus
Morphou Bay
Kokkina
Nicosia
Famagusta
CYPRUS
Toodros Mountains
Larnaca
Republic of Cyprus
Paphos
Limassol
N
50 km
Mediterranean Sea

© Dickelbers

Kokkina • Zypern

Eine stark umkämpfte Geister-Exklave/Enklave auf Zypern, wo sich jetzt nur noch das Militär aufhält

Kokkina (Griechisch: Κόκκινα, Türkisch: Erenköy), Zivilbevölkerung 0, ist ein Dorf auf Zypern, das von der international nicht anerkannten Türkischen Republik Nordzypern (TRNC) verwaltet wird, von der es heute eine Küstenexklave ist. Die Exklave ist auf drei Seiten von gebirgigem Territorium umgeben und an der Nordflanke (Morphou Bay) liegt das Mittelmeer. Es wird von der Republik Zypern kontrolliert und ist mehrere Kilometer vom Hauptgebiet der TRNC entfernt.

Nach 1960, als Zypern seine Unabhängigkeit von Großbritannien erlangte (das zwei Militärstützpunkte im Süden behielt, siehe Seite 115), war das neue Land zwischen einer türkischen Minderheit (18 Prozent der Bevölkerung) und einer griechischen Mehrheit (82 Prozent) gespalten. Der Aufstieg einer nationalistischen Bewegung in Griechenland, die auf die Vereinigung Zyperns und Griechenlands abzielte, führte während des interkommunalen Kampfes von 1963–1964 zu einer intensiven Konfrontation zwischen der griechisch-zypriotischen und der türkisch-zypriotischen Gemeinschaft.

Im Juli 1974 beschloss die Türkei nach einem Putschversuch nationalistischer Generäle in Griechenland zugunsten der Vereinigung Zyperns mit Griechenland, in Nordzypern einzumarschieren und beanspruchte das Recht, die türkisch-zypriotische Bevölkerung zu schützen. Innerhalb von zwei Tagen besetzte sie den nördlichen Teil des Landes (38 Prozent des Territoriums), 200.000 griechische Zyprioten wurden gezwungen, Nordzypern zu verlassen, und 50.000 türkische Zyprioten zogen dorthin.

Im Jahr 1983 wurde durch einseitige Erklärung ein separater türkisch-zypriotischer Staat im Norden gegründet. Der Schritt wurde von der internationalen Gemeinschaft weitgehend verurteilt, wobei der neue Staat nur von der Türkei anerkannt wurde, die einige türkische Siedler aus Anatolien entsandte, um Nordzypern in einem weiteren Schritt zu bevölkern.

Heute sind etwa 23 Prozent der Bevölkerung Zyperns Türken.

Nach schweren Kämpfen im Jahr 1964 versammelten sich einige türkische Zyprioten im Nordwesten Zyperns in der Gegend von Kokkina. Dieses Gebiet wurde eine offizielle türkische Exklave, als das türkische Militär 1974 in Zypern einmarschierte und 1984 die Unabhängigkeit erklärte.

Im Jahr 1976 wurden alle Einwohner von Kokkina nach Gialousa verlegt, einer Stadt auf der Karpas-Halbinsel Zyperns, die später in Yeni Erenköy („Neues Erenköy") umbenannt wurde. Die Exklave Kokkina fungiert seitdem als Militärlager der nordzypriotischen Streitkräfte.

TURKEY
SYRIA
LEBANON
Yialousa
Karpas Peninsula
Kyrenia
Morphou Bay
Turkish Republic of Northern Cyprus
Nicosia
Famagusta
CYPRUS
Toodros Mountains
Larnaca
Dhekelia
Republic of Cyprus
Paphos
Limassol
Akrotiri
N
Mediterranean Sea
50 km

Republic of Cyprus
Episkopi
Limassol
Trachoni
Episkopi Bay
Akrotiri
Akrotiri
Akrotiri Bay
Cape Zevgari
Cape Gata
N
5 km

Turkish Republic of Northern Cyprus
Famagusta
Lysi
Ayios Nikolaos
Phrenaros
Avgorou
Sotira
Xylotymvou
Dhekelia
Liopetri
Ormideia
Republic of Cyprus
Oroklini
Xylofagou
Dhekelia Power Station
Larnaca Bay
5 km

Akrotiri und Dhekelia · Großbritannien/Zypern

Ein vergessener Teil des Vereinigten Königreichs in Zypern, in dem der Euro statt des Pfunds im Umlauf ist

Die britischen souveränen Stützpunkte Akrotiri und Dhekelia (14.000 Einwohner, Fläche 254 km²) umfassen jene Teile Zyperns, die unter britischer Gerichtsbarkeit und Hoheitsgebiet verblieben, als 1960 durch den Gründungsvertrag die unabhängige Republik Zypern geschaffen wurde.

Sie bilden ein halbunabhängiges britisches Überseegebiet, das vom Administrator, der auch Befehlshaber der Streitkräfte ist, regiert wird.

Die Stützpunkte bleiben formal ein Teil des Vereinigten Königreichs, können aber nur für militärische, nicht für kommerzielle oder andere Zwecke genutzt werden. Sie sind die einzigen Teile des Vereinigten Königreichs, in denen nur der Euro und nicht das Pfund im Umlauf ist – ein Szenario, das auch nach dem Austritt Großbritanniens aus der EU unverändert bleibt.

Akrotiri und Dhekelia haben ihr eigenes Rechtssystem, das sich von Großbritannien und Zypern unterscheidet, sich aber so nah wie möglich an die Gesetze des letzteren hält.

Das Gericht der Sovereign Base Area befasst sich mit nichtmilitärischen Straftaten, die von Personen in Akrotiri und Dhekelia begangen werden. Recht und Ordnung werden von der Sovereign Base Areas Police bewahrt, während das Militärrecht von der Cyprus Joint Police Unit aufrechterhalten wird.

Für die Stützpunkte gibt es keine spezifische Staatsbürgerschaft.

Da sie als militärische Einheiten geführt werden, untersteht die Sovereign Base Area Administration dem britischen Verteidigungsministerium in London und nicht dem Foreign and Commonwealth Office.

Sie sind ein britisches Überseegebiet mit einer zivilen Verwaltung, die unter einem Administrator arbeitet, der Kommandeur der britischen Streitkräfte, Zypern, ist.

Dhekelia (81 km²) hat ebenfalls vier Enklaven auf seinem Territorium; sie sind alle Exklaven der Republik Zypern, Hoheitsgebiet der griechisch-zypriotischen Regierung. Dazu gehören die vollständig umschlossenen Dörfer Ormideia und Xylotymvou sowie das Kraftwerk Dhekelia entlang der Küste, das durch eine britische Straße geteilt wird. Die Enklaven entstanden 1960, als Großbritannien versuchte, Dörfer, Städte und landwirtschaftliche Gebiete nicht in seine Militärbasen einzubeziehen. Ein Teil von Dhekelia ist auch das Gebiet von Ayios Nikolaos, verbunden durch einen Korridor, der gleichzeitig als Pufferzone der UN fungiert, mit dem türkischen Gebiet nördlich dieser Linie.

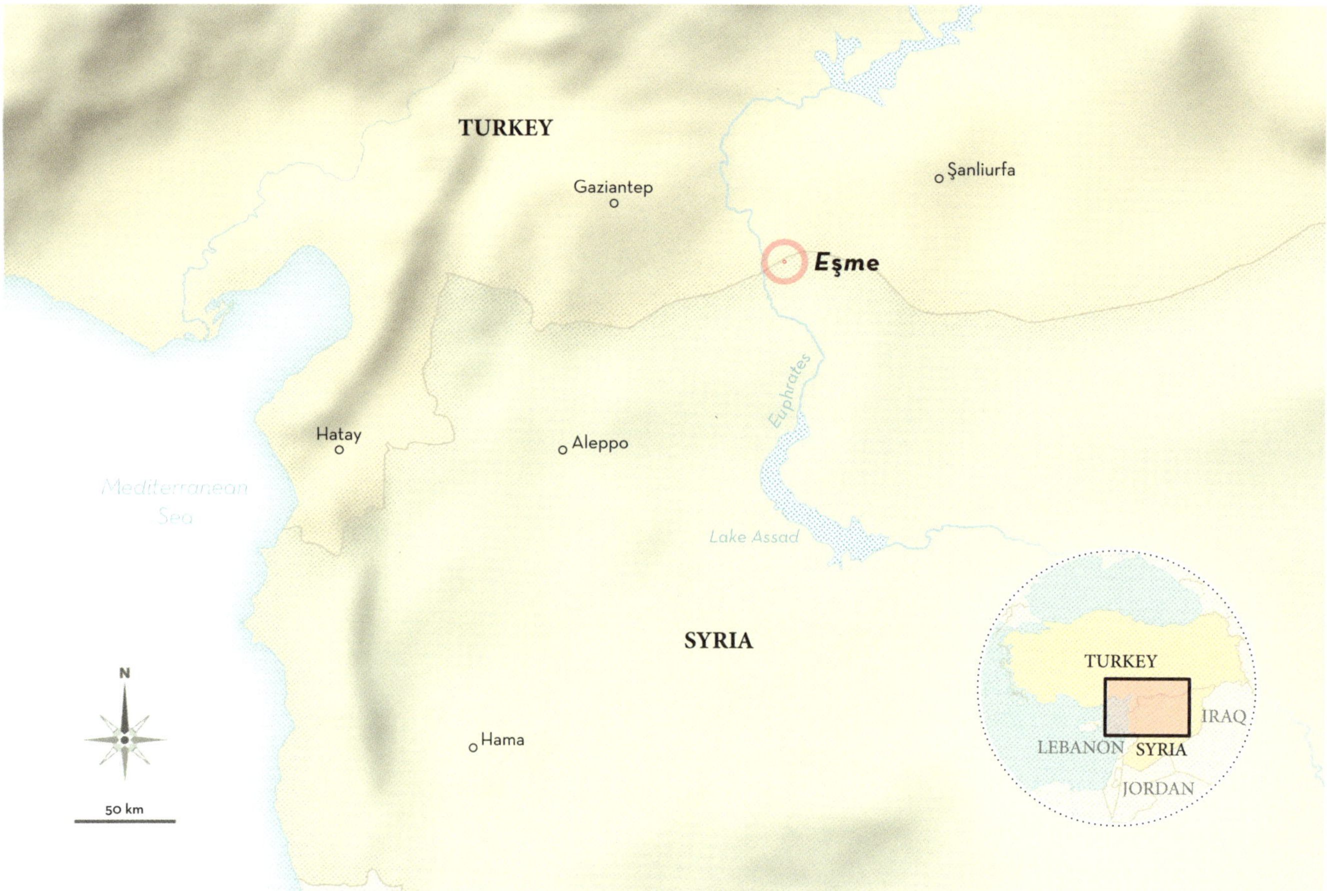
TURKEY
Gaziantep
Şanliurfa
Eşme
Euphrates
Hatay
Aleppo
Mediterranean Sea
Lake Assad
SYRIA
Hama
N
50 km
TURKEY
IRAQ
LEBANON
SYRIA
JORDAN

© Fleman

Novorossiysk
RUSSIA
Caspian Sea
Pyatigorsk
Sochi
5 642 m
Groznyy
Sukhumi
5 203 m
North Ossetia
Vladikavkaz
Caucasus Mountains
Abkhazia
5 047 m
South Ossetia
Tskhinvali
Black Sea
Poti
Gori
Tbilisi
Batumi
GEORGIA
N
Artvin
TURKEY
ARMENIA
AZERBAIJAN
200 km
Yerevan

Abchasien

Ein unabhängiger „Staat", der international nur von Russland, Syrien, Nauru, Vanuatu, Nicaragua und Venezuela anerkannt wird, und ein Urlaubs-Hotspot für die Russen ist

In der nordwestlichen Ecke Georgiens, mit dem Schwarzen Meer im Südwesten und dem Kaukasus und Russland im Nordosten, war Abchasien mit einer Fläche von 8.660 km² und 245.246 EEinwohnern einst als erstklassiges Urlaubsziel für die sowjetische Elite bekannt.

Die Region gewann von 1992 bis 1993 einen Sezessionskrieg gegen Georgien und erklärte 1999 offiziell ihre Unabhängigkeit.

Nach dem Krieg zwischen Georgien und Russland von 1992–1993 gelang es Abchasien, trotz der Zerstörung des größten Teils seiner Infrastruktur, seine wichtigsten wirtschaftlichen Säulen Tourismus und Landwirtschaft wieder aufzubauen. Obwohl nach dem Krieg viele Anstrengungen zum Wiederaufbau unternommen wurden, war die Region immer noch von Russland besetzt und ein Großteil des Territoriums zerstört. Der anhaltende Konflikt zwischen Georgien und Russland bremste die Weiterentwicklung.

Im August 2008 wurden die Kämpfe während des Süd-Ossentien-Krieges wieder aufgenommen (siehe Seite 121), gefolgt von der formellen Anerkennung Abchasiens durch Russland, der Annullierung des Waffenstillstandabkommens von 1994 und der Einstellung der Missionen durch die Vereinten Nationen und die Gemeinschaft Unabhängiger Staaten.

Nach dem georgisch-russischen Krieg 2008 erkannte Moskau die Region als unabhängigen Staat an. Georgien reagierte, indem es Abchasien für „von Russland besetzt" erklärte.

Abchasien ist in den letzten Jahren immer näher an Russland herangerückt. Im Jahr 2009 unterzeichnete Moskau ein Fünfjahresabkommen mit Abchasien, um die formelle Kontrolle über seine Grenzen zu Georgien zu übernehmen. 2014 unterzeichneten Russland und die abtrünnige Region eine „strategische Partnerschaft", was Georgien verärgerte und dazu führte, dass es Moskau beschuldigte, Abchasien einzugliedern wollen.

Der Status Abchasiens als unabhängiger Staat wird international nur von Russland, Nauru, Nicaragua, Vanuatu und Venezuela anerkannt.

Das Land hängt von russischer Unterstützung und Währung ab und befindet sich in einer unsicheren politischen Situation ähnlich der Süd-Ossetiens (siehe Seite 121). Für Reisende ist es ein völlig unabhängiges Gebiet.

Abchasien hat zwei Amtssprachen: Abchasisch und Russisch. Abchasisch gehört zur nordwestkaukasischen Sprachfamilie und ist mit der abchasisch-adyghischen Sprachgruppe in derselben Familie verwandt. Russisch ist für die interkulturelle Kommunikation nützlich, da Abchasien ein Vielvölkerstaat ist.

Trotz des umstrittenen Status bleibt dieses Land für die Russen ein beliebter Ort, um ihre Sommerferien zu verbringen.

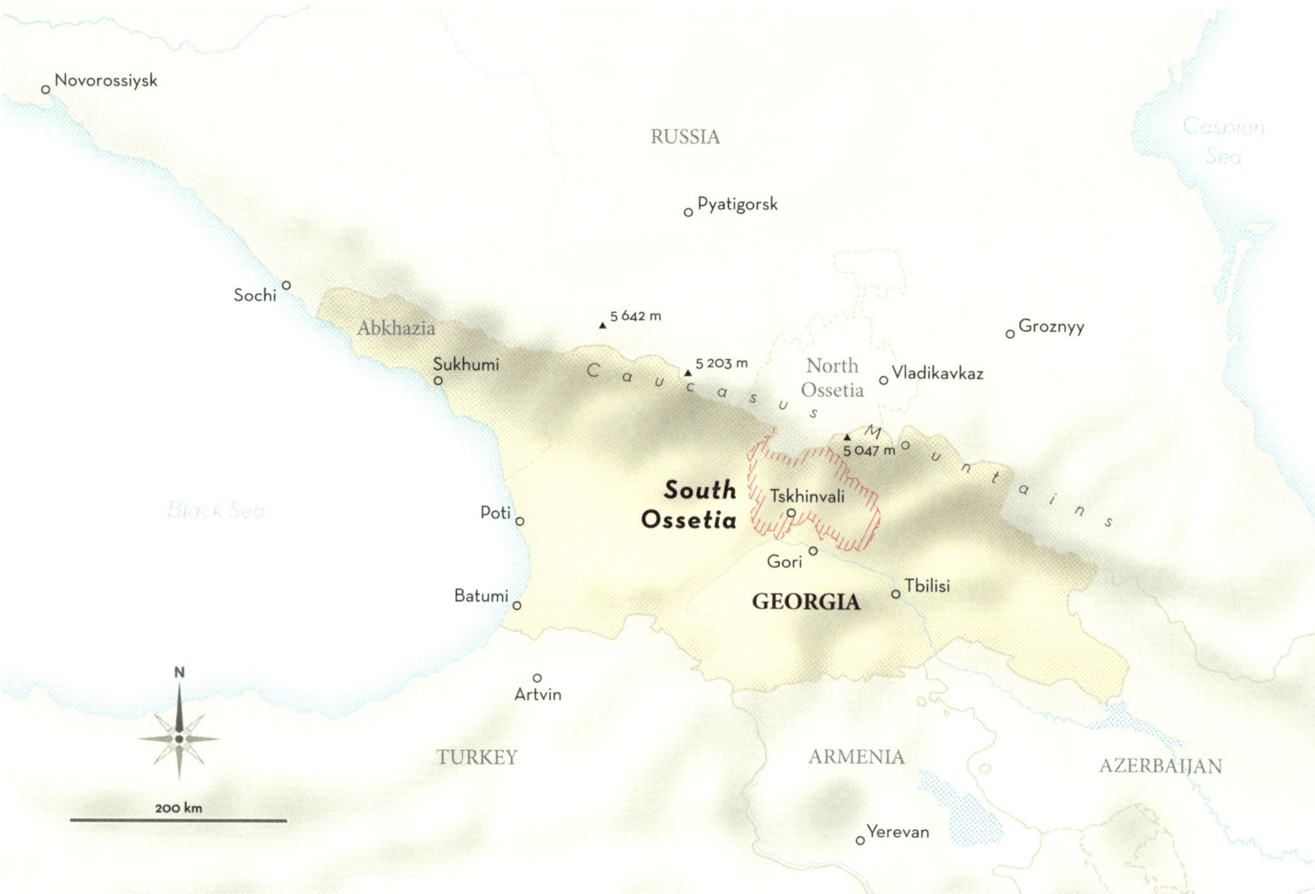
Novorossiysk
RUSSIA
Caspian Sea
Pyatigorsk
Sochi
Abkhazia
5 642 m
Groznyy
Sukhumi
5 203 m
North Ossetia
Vladikavkaz
Caucasus Mountains
5 047 m
South Ossetia
Tskhinvali
Black Sea
Poti
Gori
Batumi
GEORGIA
Tbilisi
N
Artvin
TURKEY
ARMENIA
AZERBAIJAN
200 km
Yerevan

Süd-Ossetien

Ein Staat, der nur von Russland, Venezuela, Nicaragua, Nauru, Syrien, aber nicht von der UNO als unabhängig anerkannt wird

Süd-Ossetien, offiziell die Republik Süd-Ossetien, oder früher die Region Zchinwali in Georgien, ist ein Ministaat, der nur von Russland, Venezuela, Nicaragua, Nauru und Syrien als unabhängig anerkannt wird. Es hat eine Bevölkerung von 53.000 Menschen, die auf einer Fläche von 3.900 km² leben, davon 30.000 in der Hauptstadt Zchinwali.

Während Georgien im Krieg Anfang der 1990er Jahre mit Unterstützung Russlands die Kontrolle über Süd-Ossetien verlor, betrachten die georgische Regierung und die meisten UN-Mitglieder das Territorium als Teil Georgiens.

Süd-Ossetien ist von der russischen Region Nord-Ossetien durch eine hoch im Kaukasus verlaufende Grenze getrennt. Ein Großteil der Region liegt mehr als 1.000 Meter über dem Meeresspiegel. Das Land wird hauptsächlich von Osseten bewohnt, die eine Sprache sprechen, die ein wenig mit dem Persischen verwandt ist. Die meisten ethnischen Georgier wurden durch die beiden Konflikte aus der Region vertrieben. Als das russische Reich im 18. und 19. Jahrhundert in das Gebiet expandierte, leisteten die Osseten nicht wie andere Völker des Nordkaukasus heftigen Widerstand. Sie stellten sich auf die Seite der bolschewistischen Streitkräfte, die Georgien Anfang der 1920er Jahre besetzten und als Teil der darauffolgenden Teilung wurde in Georgien die Autonome Region Süd-Ossetien und in Russland Nord-Ossetien geschaffen.

Als der nationalistische Führer Zviad Gamsachurdia in Georgien an die Macht kam, keimte in Süd-Ossetien eine separatistische Stimmung auf. Nach mehreren Gewaltausbrüchen erklärte die Region 1990 ihre Absicht, sich von Georgien loszulösen und gewann somit 1992 ihre Unabhängigkeit.

Bis zum Sommer 1992, als eine Einigung über den Einsatz georgischer, ossetischer und russischer Friedenstruppen erzielt wurde, kam es zu sporadischen Gewalttaten zwischen ordnungswidrigen georgischen Streitkräften und ossetischen Kämpfern.

Die Spannungen spitzten sich im August 2008 erneut zu, als Georgien nach fast einwöchigen Zusammenstößen zwischen georgischen Truppen und Separatisten einen gezielten Luft- und Bodenangriff auf Zchinwali startete. Innerhalb weniger Tage fegten russische Streitkräfte die Georgier aus Süd-Ossetien und Abchasien (siehe Seite 119) und verfolgten sie noch kurz nach Georgien.

Russland hat Süd-Ossetien (und Abchasien) nach dem Krieg offiziell als unabhängigen Staat anerkannt. Im April 2009 stärkte Russland seine Position durch die Unterzeichnung eines Fünfjahresabkommens zur formellen Kontrolle seiner Grenzen zu Georgien (und Abchasien).

2015 begann Russland, wegen Süd-Ossetien mehr Druck auf Georgien auszuüben und unterzeichnete ein „Bündnis- und Integrationsabkommen“ mit Süd-Ossetien, dass die Grenzübergänge abschaffen sollte.

Georgien betrachtete dies als einen Schritt in Richtung einer russischen Angliederung der Region und äußerte weitere Besorgnis, als die russischen Streitkräfte den Grenzzaun 1,5 km weiter in das eigentliche Georgien verschoben – ein kurzes Stück von der wichtigsten West-Ost-Autobahn des Landes entfernt.

RUSSIA
Tbilisi
GEORGIA
Ashagi Askipara
Yaradullu
Kura
AZERBAIJAN
ARMENIA
Lake Sevan
Yerevan
Nagorno-Karabakh
Stepanakert
Mount Ararat
5 137 m
TURKEY
Kapan
Nakhitchevan
Arax
Meghri
IRAN
Tabriz
N
100 km

Nagorno-Karabach · Armenien/Aserbaidschan

Europas meistumkämpfte Enklave

Seit 2021 mitten im Krieg zwischen Armenien und Aserbaidschan wieder in den Medien, ist Nagorno-Karabach eine administrative territoriale Einheit im Transkaukasus zwischen den zwei kriegführenden Ländern. Es ist eine selbsternannte Republik, die von keinem UN-Mitgliedsstaat anerkannt wird. Die einzige formelle Anerkennung der Unabhängigkeit von Nagorno-Karabach kommt von drei anderen selbsternannten Ländern – Abchasien (siehe Seite 119), Südossetien (siehe Seite 121) und Transnistrien (siehe Seite 43). Vor 2021 war Nagorno-Karabach Teil Armeniens, obwohl von Armenien nie anerkannt. Seit 2021 ist es eine Exklave Armeniens innerhalb Aserbaidschans (obwohl Armenien es weiterhin ignoriert). Mit 4.400 km² hat Nagorno-Karabach (Hauptstadt Stepanakert) eine Bevölkerung von 150.000, davon sind etwa 80 Prozent Armenier. Seit 1921 ist die Region als administrative Gebietseinheit Teil der Aserbaidschanischen Sozialistischen Sowjetrepublik mit weitgehenden Autonomierechten. 1923 erhielt es den Status einer autonomen Region (NKAO) innerhalb der SSR Aserbaidschan.

1987 wurden 75.000 Unterschriften für die Wiedervereinigung mit Armenien von Bürgern Nagorno-Karabachs gesammelt und an das Zentralkomitee der Kommunistischen Partei der Sowjetunion geschickt. Das löste eine negative Reaktion der aserbaidschanischen Behörden aus. Im Jahr darauf bat der Regionalrat der NKAO den Obersten Sowjet, die Übertragung der Region an Armenien in Erwägung zu ziehen, aber diese Bitte wurde als Ausdruck von Nationalismus angesehen. Innerhalb von vier Monaten unternahm der Regionalrat einen weiteren Versuch und erklärte seine Abspaltung von Aserbaidschan. Als Reaktion darauf verabschiedete das Präsidium des Obersten Sowjets der UdSSR eine Resolution, in der die Möglichkeit solch eines Transfers abgelehnt wurde. Nachdem im September 1988 die Versuche eines friedlichen Übergangs gescheitert waren, kam es zu bewaffneten Auseinandersetzungen zwischen Armeniern und Aserbaidschanern, die sich zu einem langwierigen Konflikt entwickelten.

Am 2. September 1991 wurde die Region als Teil der UdSSR zur Republik Nagorno-Karabach (NKR) ausgerufen – weniger als vier Monate vor deren Zusammenbruch. Sie umfasste die Gebiete der NKAO, des Distrikts Shaumyan und eines Teils des Distrikts Khanlar in Aserbaidschan.

Dies war der Beginn einer offenen, bewaffneten Konfrontation zwischen Armenien und Aserbaidschan um die Kontrolle der Region von 1991 bis 1994. Der Karabach-Konflikt war die erste größere bewaffnete Auseinandersetzung auf dem Gebiet der ehemaligen Sowjetunion. Nach dem Zusammenbruch der UdSSR am 31. Dezember 1991 wurden die sowjetischen Truppen abgezogen und das Konfliktgebiet geriet außer Kontrolle.

Die Kämpfe eskalierten im Mai 1992, als die Selbstverteidigungseinheiten von Karabach die Kontrolle über die Stadt Shusha übernahmen, von wo aus die aserbaidschanische Truppen Stepanakert und umliegende Dörfer regelmäßig bombardierten.

1994 erlangten die NKR-Verteidigungskräfte die Kontrolle über 90 Prozent des ehemaligen NKAO-Territoriums und besetzten außerdem sieben Grenzregionen Aserbaidschans ganz oder teilweise, was acht Prozent des Landes ausmacht. Aserbaidschan wiederum behielt die Kontrolle über Teile der NKR-Distrikte Martuni, Martakert und Shahumyan.

Am 5. Mai 1994 wurde von den Parteien unter Vermittlung Russlands und Kirgisistans ein Waffenstillstandsabkommen, bekannt als Bischkek-Protokoll, unterzeichnet. Seitdem werfen sich die Parteien immer wieder vor, mit zahlreichen Schusswaffenvorfällen an der Grenze gegen die Waffenruhe verstoßen zu haben.

Die Situation in der Konfliktzone Nagorno-Karabach eskalierte 2014, 2016 (sogenannter „Vier-Tage-Krieg") und insbesondere im Sommer 2021, als sowohl Armenien als auch Aserbaidschan den Kriegszustand erklärten. Am 10. November 2021 unterzeichneten Armenien, Aserbaidschan und Russland ein Abkommen zur Beendigung der Feindseligkeiten, aber der Waffenstillstand wurde wiederholt gebrochen.

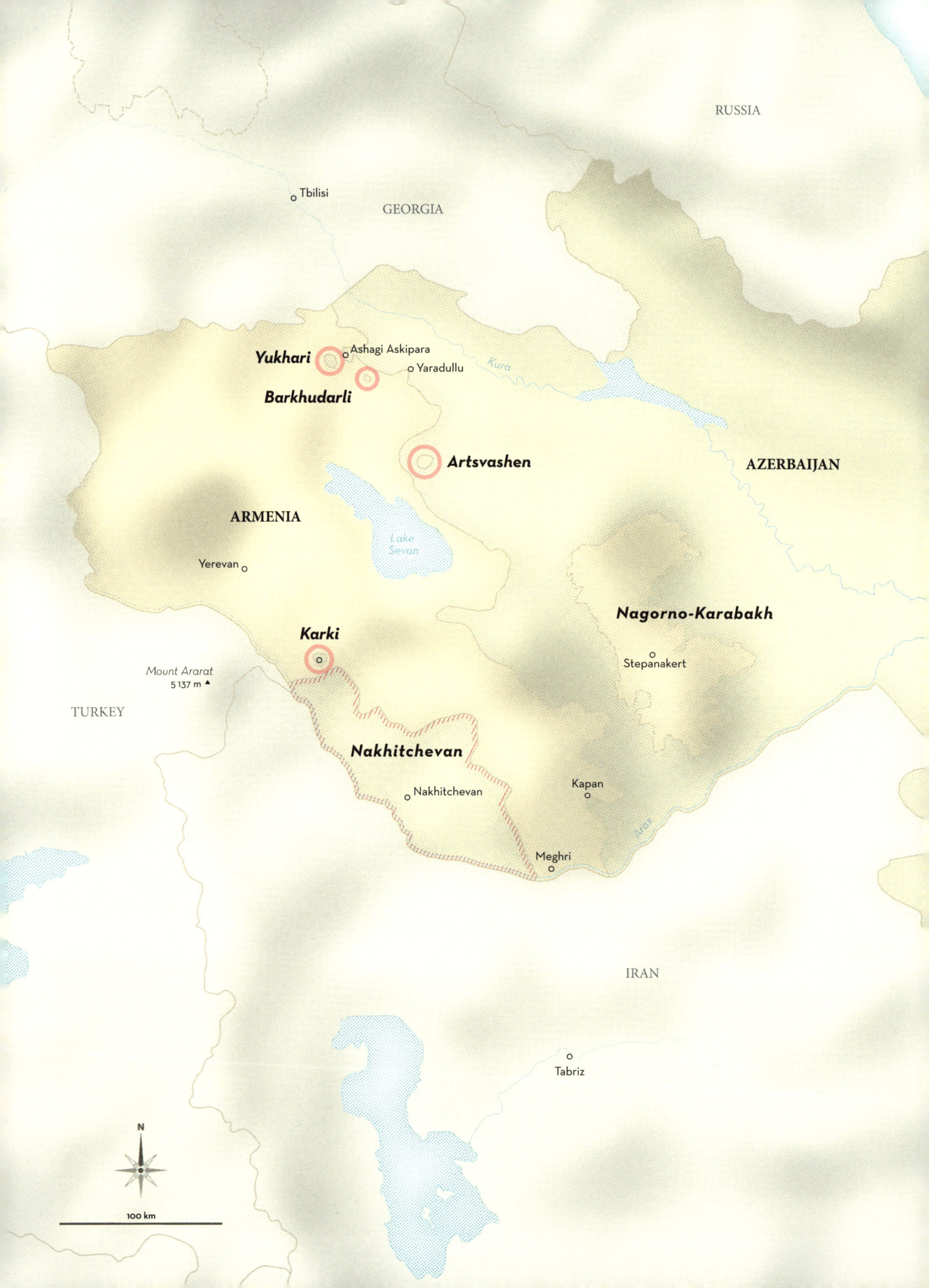
RUSSIA
Tbilisi
GEORGIA
Yukhari
Ashagi Askipara
Yaradullu
Kura
Barkhudarli
Artsvashen
AZERBAIJAN
ARMENIA
Lake Sevan
Yerevan
Nagorno-Karabakh
Karki
Stepanakert
Mount Ararat
5 137 m
TURKEY
Nakhitchevan
Nakhitchevan
Kapan
Arax
Meghri
IRAN
Tabriz
N
100 km

Nachitschewan · Armenien/Aserbaidschan

Nach Nagorno-Karabach die andere große Exklave zwischen Armenien und Aserbaidschan

Nachitschewan ist eine Region des Kaukasus und eine autonome Republik Aserbaidschans. Obwohl sie an den Iran, Armenien und die Türkei grenzt, bleibt sie sehr isoliert, da sie geografisch nicht mit dem Rest Aserbaidschans verbunden ist und somit eine Exklave des Landes bildet.

Nachitschewan hat ca. 400.000 Einwohner, die größtenteils Aserbaidschaner sind, Aserbaidschanisch sprechen und der schiitischen Richtung des Islams angehören. Die armenische Bevölkerung in der Region musste in den 1990er Jahren nach dem Krieg zwischen Armenien und Aserbaidschan fliehen. Dank des Moskauer Vertrags von 1921 wurde Nachitschewan nicht in den Krieg zwischen seinen beiden Nachbarn hineingezogen. Aserbaidschanisch stammt ebenso wie Türkisch, Turkmenisch, Krimtatarisch oder Gagausisch (südlich von Moldawien) aus der altaischen Sprachfamilie.

Nach einer Reihe von Kriegen und Machtkämpfen zwischen dem historischen Armenien, dem persischen und osmanischen Reich wurde die Region 1828 von Russland eingegliedert..

Als Westarmenien 1921 in die Sowjetunion integriert wurde, verfügte Stalin, dass die Region autonom und Teil Aserbaidschans werden würde.

Nachitschewan, dessen Bevölkerung vor seiner Sowjetisierung zu weniger als 50 Prozent aus Armeniern bestand, sollte später fast seine gesamte armenische Bevölkerung durch Auswanderung und eine pro-aserbaidschanische Politik in der Exklave während der Sowjetzeit verlieren.

© Arif Masimov

1926 machten Armenier schätzungsweise 15 Prozent der Bevölkerung von Nachitschewan aus. Seit den 1980er-Jahren ist diese Zahl nicht über zwei Prozent gestiegen.
Nachitschewan trat Aserbaidschan 1991 bei, als letzteres nach der Auflösung der UdSSR gegründet wurde.
Am Friedhof von Djoulfa, ein ehemaliger Kulturschatz Armeniens, befand sich einst die größte Sammlung von Khatchkars (Grabsteinen) im historischen Armenien, die sich kurz vor seiner Zerstörung auf etwa 13.000 Steine belief, viele davon vom Ende des 16. und Anfang des 17. Jahrhunderts. Er wurde zwischen 1998 und 2005 abgerissen und an seiner Stelle eine Militärbasis errichtet. Das gleiche passierte in den 1990er Jahren mit den 89 armenischen Kirchen in Nachitschewan.
Seit dem Ende des letzten Krieges zwischen Armenien und Aserbaidschan im Jahr 2020 versucht Aserbaidschan, die Schaffung eines Korridors, des Zangezur- oder Meghri-Korridors, entlang der Südgrenze Armeniens auszuhandeln, der Nachitschewan mit dem Rest Aserbaidschans verbinden würde, Armenien zögert jedoch und Russland hat zahlreiche Interessen in der Region und befürchtet eine Erneuerung des pantürkischen Gefühls (der Korridor würde eine direkte Verbindung zwischen Istanbul und Baku herstellen). Das hat bis dato die Schaffung des Korridors verhindert. Aserbaidschan hat Gespräche aufgenommen, um einen weiteren Korridor einzurichten, der durch den Iran verläuft und Nachitschewan mit dem Rest Aserbaidschans verbindet.

Andere Enklaven zwischen Armenien und Aserbaidschan:

Es gibt weitere, wesentlich kleinere Exklaven zwischen Armenien und Aserbaidschan, nördlich dieser beiden Länder und Nagorno-Karabach.

- Arzwaschen ist eine armenische Enklave in Aserbaidschan, 2 km von der Grenze entfernt. Seit dem Nagorno-Karabach-Krieg 1992 wird es von Aserbaidschan regiert.
- Im äußersten Nordosten Armeniens liegen drei kleine aserbaidschanische Exklaven im Herzen des armenischen Territoriums. Barxudarli, Yuxari Askipara und Ashagi Askipara werden seit 1989 von Armenien regiert
- Etwa 5 km nördlich von Nachitschewan liegt Karki, ein aserbaidschanisches Dorf, das in Armenien enklaviert ist. Es wird seit 1989 vom armenischen Militär kontrolliert.
- Schließlich gibt es noch Yaradullu, auch wenn es strenggenommen nicht als Exklave bezeichnet werden kann, ein aserbaidschanisches Dorf an der Nordgrenze zwischen Armenien und Aserbaidschan, das von Armenien regiert wird.

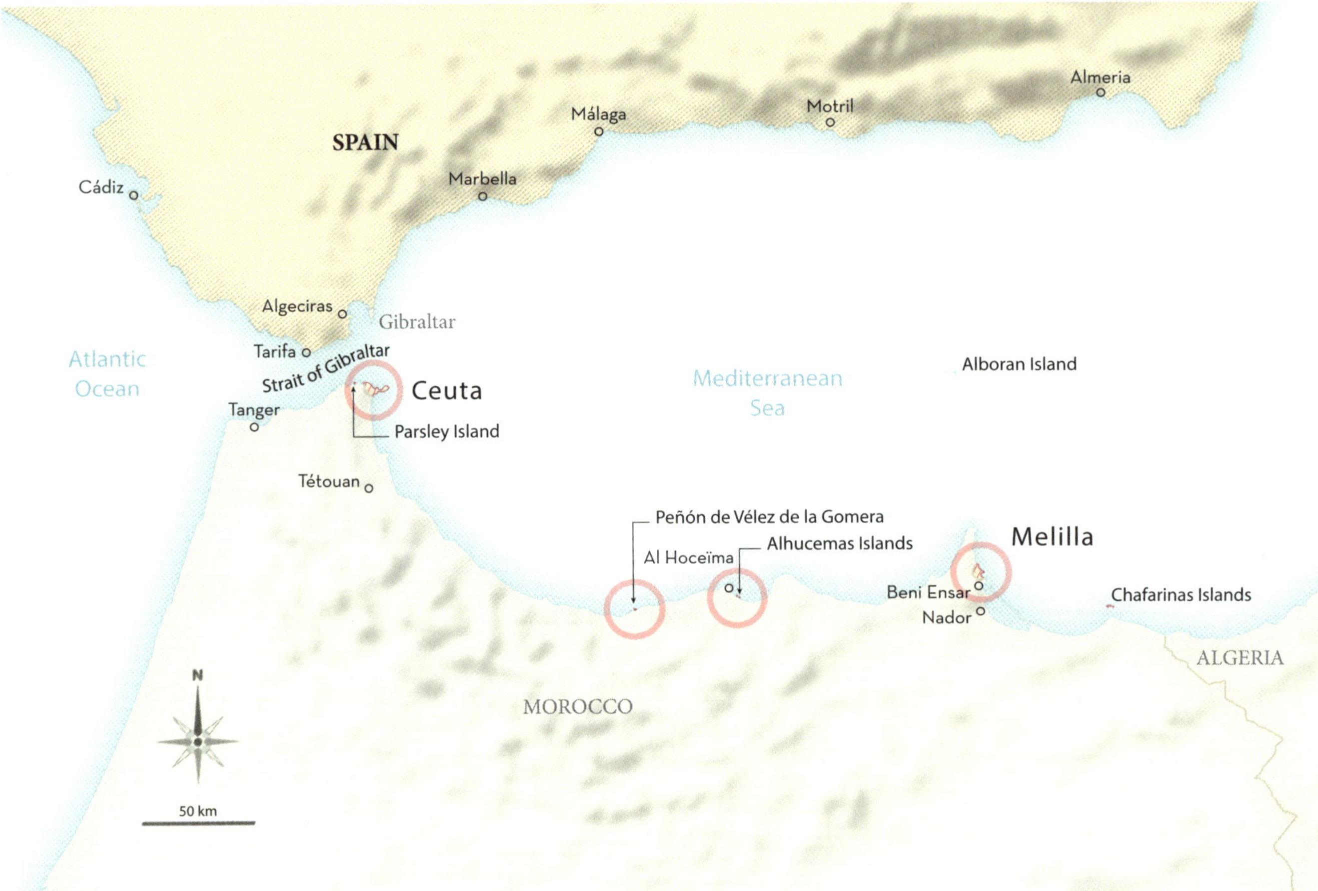
Almeria
Motril
Málaga
SPAIN
Marbella
Cádiz
Algeciras
Gibraltar
Tarifa
Atlantic
Ocean
Strait of Gibraltar
Ceuta
Tanger
Parsley Island
Tétouan
Mediterranean
Sea
Alboran Island
Peñón de Vélez de la Gomera
Al Hoceïma
Alhucemas Islands
Melilla
Beni Ensar
Nador
Chafarinas Islands
ALGERIA
MOROCCO
N
50 km

S. Iacobi
Castrum
S Catarina

Spanischer Besitz an der marokkanischen Küste · Spanien/Marokko

Spanische „Enklaven" an der marokkanischen Küste

Ceuta und Melilla sind relativ gut bekannt, aber es gibt fünf, nicht zwei spanische Besitztümer an der mediterranen Küste Marokkos (obwohl manche Geografen diese nicht als Enklaven ansehen, da sie Zugang zum Meer haben). Ceuta (80.000 Einwohner) und seine Partnerstadt Melilla (86.000 Einwohner), 400 km südöstlich an der Küste gelegen, zeugen von ihrer spanischen Vergangenheit bis ins 15. Jahrhundert.

Von Marokko begehrt, sind sie seit langem Brennpunkt in den diplomatischen Beziehungen zu Spanien. Madrid behauptet, dass beide Gebiete integrale Bestandteile Spaniens sind und den gleichen Status haben wie die halbautonomen Regionen auf dem Festland, wie das Baskenland und Katalonien.

Ceuta und Melilla waren jahrhundertelang wichtige Hafenstädte, schützten spanische Schiffe und fungierten als Handelsposten zwischen Europa und Afrika. Aufgrund seiner geografischen Lage hatte Spanien schon immer eine enge Beziehung zu Afrika. Phönizier mit Sitz in Karthago im heutigen Tunesien gründeten Siedlungen an der spanischen Küste.

Als König Johann I. von Portugal am 21. August 1415 eine überraschende Invasion in Ceuta startete, kam die Stadt unter europäische Kontrolle. Sie fungierte als Handelsposten für Waren, die aus dem afrikanischen Landesinneren kamen und als Basis, um einen Großteil Nordmarokkos zu kontrollieren. Von 1580 bis 1640 waren Spanien und Portugal während der Iberischen Union vereint, als die Stadt aufgrund der Nähe mehr Menschen aus Spanien als aus Portugal anzog. Als Portugal 1640 die Unabhängigkeit wiedererlangte, war Ceuta der einzige Teil des Landes mit Loyalität gegenüber Spanien. 1668 trat Portugal das Gebiet im Vertrag von Lissabon an Spanien ab. 1694 belagerten die Marokkaner Ceuta erfolglos bis 1720 und erneut von 1721 bis 1727.

Melilla kam 1497 unter spanische Kontrolle, nachdem die Stadt von islamischen Herrschern so gut wie verlassen worden war. Wie bei Ceuta unternahmen die Marokkaner Versuche, die Stadt einzunehmen, aber sie war für sie nie von großer Wichtigkeit. Aufgrund seiner Nähe zu Algerien hatte Melilla einen kleinen Handelskrieg mit Frankreich, das Algerien im frühen zwanzigsten Jahrhundert kontrollierte.

In den 1930er Jahren spielten spanische Truppen, die in den beiden Städten stationiert waren, eine wichtige Rolle beim Aufstand des späteren Diktators Francisco Franco gegen ihre Regierung.

Als Marokko 1956 nach mehr als vier Jahrzehnten der Herrschaft Spaniens und Frankreichs die Unabhängigkeit von Frankreich erlangte, weigerte sich Spanien, Ceuta und Melilla zu übergeben.

© Diego Delso

DE MIDDELLANDSCHE ZEE
DE STRAAT VAN GIBRALTAR
BARBARIE
E S P A G N E
G R A N A D A
M U R C I A
DE MIDDELLANDSCHE ZEE of MER MEDITERRANÉE
B A R B A R I E
MIDDELLANDSCHE
MER MEDITERRANEE
MEDITERRANEAN
AMSTERDAM

Seit seiner Unabhängigkeit hat Marokko zahlreiche Ansprüche auf die Gebiete erhoben.
Im Jahr 2002 wurde der Streit gewalttätig, nachdem eine kleine Gruppe marokkanischer Soldaten auf der von den Spaniern kontrollierten Petersilieninsel, 200 Meter vor der Küste des marokkanischen Festlandes, ein Lager aufgeschlagen hatte. Sie wurden von der spanischen Marine gewaltsam in einem Konflikt, der die Spannungen zwischen den beiden Ländern verschärfte, entfernt.
Der spanische König Juan Carlos verärgerte die Marokkaner, als er 2007 Melilla besuchte, und der marokkanische König Mohammed VI. rief kurzerhand aus Protest gegen den Besuch des spanischen Königs in den „besetzten Gebieten" seinen Botschafter nach Madrid zurück.
Stacheldrahtzäune umgeben beide Enklaven. Sie wurden erstmals 2005 eingeführt, aber zwei Jahre später entfernt wegen den Wunden, die Menschen erlitten hatten, die versuchten, sie zu erklimmen. 2013 führte der spanische Premierminister Mariano Rajoy den Stacheldraht wieder ein, nachdem Wellen von Migranten versucht hatten, die Landesgrenze zu durchbrechen. Der Schritt wurde von politischen Gegnern, Aktivisten und hochrangigen katholischen Bischöfen als unmenschlich bezeichnet.
Die Arbeitslosigkeit bei den Einheimischen beträgt mehr als 30 Prozent und gehört damit zu den höchsten Raten in Spanien. Die Städte sind ein Magnet für Tausende von Händlern und Arbeitern, die jeden Tag aus Marokko kommen.
Penon de Velez de la Gomera, den Marokkanern als Rocher de Badis (oder einfach Badis) bekannt, ist eine Halbinsel 260 km westlich von Melilla und 117 km süd-westlich von Ceuta. Es ist seit 1564 spanischer Besitz. Die Zafarin-Inseln (auch als Chafarinas-Inseln bekannt) beherbergen 200 Bewohner und sind eine Gruppe von drei kleinen Inseln 3,3 km vom marokkanischen Dorf Ras El Ma (Cap de l'Eau) und 46 km süd-östlich von Melilla. Sie werden seit 1848 von Spanien kontrolliert.
Die Alhucemas-Inseln sind ein weiteres Archipel aus drei kleinen Inseln unter spanischer Kontrolle, 155 km östlich von Ceuta, 100 Kilometer von Melilla und vier Kilometer nordöstlich der marokkanischen Stadt Al Hoceima. Penon de Alhucmeas liegt 800 Meter und die anderen Inseln – Isla de Mar und Isla de Tierra – nur 50 Meter von der marokkanischen Küste entfernt. Penon de Alhucemas besitzt eine Baracke mit 350 Soldaten.
Die anderen beiden Inseln sind unbewohnt. Die Petersilieninsel (auf Spanisch Isla de Perejil) ist eine kleine Insel zwischen Spanien und Marokko, 250 Meter von der marokkanischen Küste und acht Kilometer von der spanischen Stadt Ceuta entfern, 13,5 km vom spanischen Festland. Für Spanien ist sie, was die Administration angeht, ein Teil Ceutas.
Weiter weg von der Küste, ist Alboran, den Arabern auch bekannt als „Nabel des Meeres", eine spanische mediterrane Insel, 57 km nördlich von Melilla. Die Insel gehört seit 1540 zu Spanien, was aber von Marokko angefochten wird.

© Ignacio Gavira

Grabstätte des Süleyman Shah · Türkei/Syrien

Die einzige türkische Enklave der Welt, die dreimal den Standort wechselte

Die Grabstätte des Süleyman Shah ist nach osmanischer Legende das Grab, in dem sich die Reliquien von Süleyman Shah (ca. 1178–1236), dem Großvater von Osman I. (gest. 1323/4), dem Gründer des Osmanischen Reiches, befinden. Man sagt, er sei 1236 im Euphrat ertrunken und im heutigen Syrien begraben. Seitdem hatte diese legendäre Grabstätte drei Standorte, alle im heutigen Syrien. Von 1236 bis 1973 befand sie sich in der Nähe der Burg Qal'at Ja'bar im heutigen Gouvernement Raqqa, Syrien, wo Süleyman Shah angeblich ertrank. Nach dem Vertrag von Lausanne (1923), der das Osmanische Reich in die Türkei, Syrien und andere Staaten aufteilte, ist die Grabstätte offiziell Eigentum der Türkei und damit die einzige türkische Enklave der Welt. Im Jahr 1973 drohte der Bau des Tabqa-Staudamms, den Standort des Grabes unter dem neu geschaffenen Assad-See zu überfluten, aber die Türkei und Syrien einigten sich darauf, das Grab 85 km nördlich des Euphrat in Syrien zu verlegen, 27 km von der Türkische Grenze. Am 21. Februar 2015, während des syrischen Bürgerkriegs, drohten militante Islamisten, die Grabstätte anzugreifen, wenn die bewachenden türkischen Truppen nicht innerhalb von drei Tagen abgezogen würden. Während der sogenannten „Operation Shah Euphrates" wurde das Grab von der Türkei erneut an einen neuen Ort in Syrien verlegt, nur 180 Meter von der türkischen Grenze entfernt, 22 km westlich von Kobanî. Ein Konvoi aus 572 türkischen Soldaten, 39 Panzern und 57 gepanzerten Fahrzeugen evakuierte die 38 türkischen Soldaten, die das Grab bewachten. Der Rest des alten Mausoleums wurde abgerissen. Die türkische Regierung erklärte, die offiziell vorübergehende Verlegung stelle keine Änderung des Status der Grabstätte dar. Die syrische Regierung sagte, die Razzia sei ein Akt „eklatanter Aggression" habe gegen das ursprüngliche Abkommen von 1923 verstoßen und machte Ankara für alle Nachwirkungen verantwortlich.. Im Jahr 2018 sagte der stellvertretende Ministerpräsident der Türkei, Fikri Işık, dass man das Grab an seinen ursprünglichen Standort in Nordsyrien verlegen würde.

NIGERIA
Lagos
CENTRAL AFRICAN REPUBLIC
CAMEROON
Bangui
Malabo
Yaounde
Principe
EQUATORIAL GUINEA
SÃO TOMÉ & PRÍNCIPE
São Tomé
Port-Gentil
GABON
DEMOCRATIC REPUBLIC OF THE CONGO
CONGO
Brazzaville
Kinshasa
Pointe-Noire
Cabinda
Matadi
Luanda
Atlantic Ocean
ANGOLA
ZAMBIA
N
NAMIBIA
BOTSWANA
50 km

Cabinda • Angola/ Demokratische Republik Kongo

Die angolanische Exklave entstand, weil Belgisch-Kongo einen Zugang zum Atlantik forderte

Eingezwängt zwischen der Republik Kongo (Hauptstadt Brazzaville) und der Demokratischen Republik Kongo (früher Zaire, Hauptstadt Kinshasa) liegt die Exklave Cabinda. Die Provinz ist vollständig vom Rest des Landes abgeschnitten und gehört zum 70 Kilometer weiter südlich gelegenen Angola.

Nach ersten Kontakten mit den Portugiesen im 15. Jahrhundert richtete eine Militäreinheit aus Brasilien, das 1822 seine Unabhängigkeit von Portugal erlangt hatte, zwischen 1827 und 1830 einen Marinestützpunkt im heutigen Cabinda ein. Dadurch wurde Cabinda zum einzigen kolonialen Territorium außerhalb von Südamerika in der Geschichte Brasiliens.

Im Zuge des europäischen Kolonialismus rangen die Staaten um die Vorherrschaft in Afrika. So entstanden 1855 auf der Kongokonferenz in Berlin gleichzeitig Belgisch-Kongo (früher Zaire, heute Demokratische Republik Kongo) und Französisch-Kongo (früher Kongo-Brazzaville, heute Republik Kongo). Cabinda wurde gemeinsam mit dem Portugiesischen Königreich Kongo (heute Angola) Portugal zugesprochen.

Da Belgien jedoch für Belgisch-Kongo einen Zugang zum Meer einforderte, erhielt die belgische Kolonie entlang des mächtigen Stroms Kongo einen Gebietskorridor, weshalb Cabinda bis heute von Angola getrennt ist.

Trotz dieser räumlichen Trennung verschmolz Portugal Cabinda und Angola nach und nach zu einer einzigen Kolonie. Als sich Portugal nach Ende der Salazar-Diktatur aus Afrika zurückzog, wurde Cabinda 1975 zu einem Teil des neuen, unabhängigen Staates Angola erklärt

Die kleinste Provinz des Landes mit rund 700.000 Einwohnern produziert 60 Prozent des Erdöls von Afrikas zweitgrößtem Erdölproduzenten Angola. Erdöl macht etwa 95 Prozent der gesamten angolanischen Exporte aus. Trotz dieses beträchtlichen Beitrags zur Volkswirtschaft des Landes fühlen sich die Menschen in Cabinda kaum an den Gewinnen beteiligt. Die Arbeitslosenquote in der Provinz ist extrem hoch, und die vorhandene Infrastruktur stammt noch aus Kolonialzeiten. Viele Menschen in Cabinda haben keinen Zugang zu Elektrizität, Trinkwasser oder Abwasserleitungen.

Das erklärt, warum es seit der Unabhängigkeit im Jahr 1975 zu anhaltenden Kämpfen zwischen den separatistischen Rebellenvereinigungen Front für die Befreiung der Enklave Cabinda (FLEC) und Movimento Independista de Cabinda (MIC) und der angolanischen Regierung kommt. FLEC ist für die Entführung mehrerer ausländischer Ölarbeiter verantwortlich, geriet jedoch vor allem 2010 in den Fokus der internationalen Aufmerksamkeit, als bewaffnete Angreifer den Bus der togolesischen Fußballnationalmannschaft auf dem Weg zu einem Spiel des Afrika-Cup überfielen und den Co-Trainer, den Sprecher und den Fahrer töteten.

Heute sichern angolanische Soldaten die staatlichen Baustellen an der Küste sowie die stacheldrahtbewehrten Wohnanlagen ausländischer Ölarbeiter.

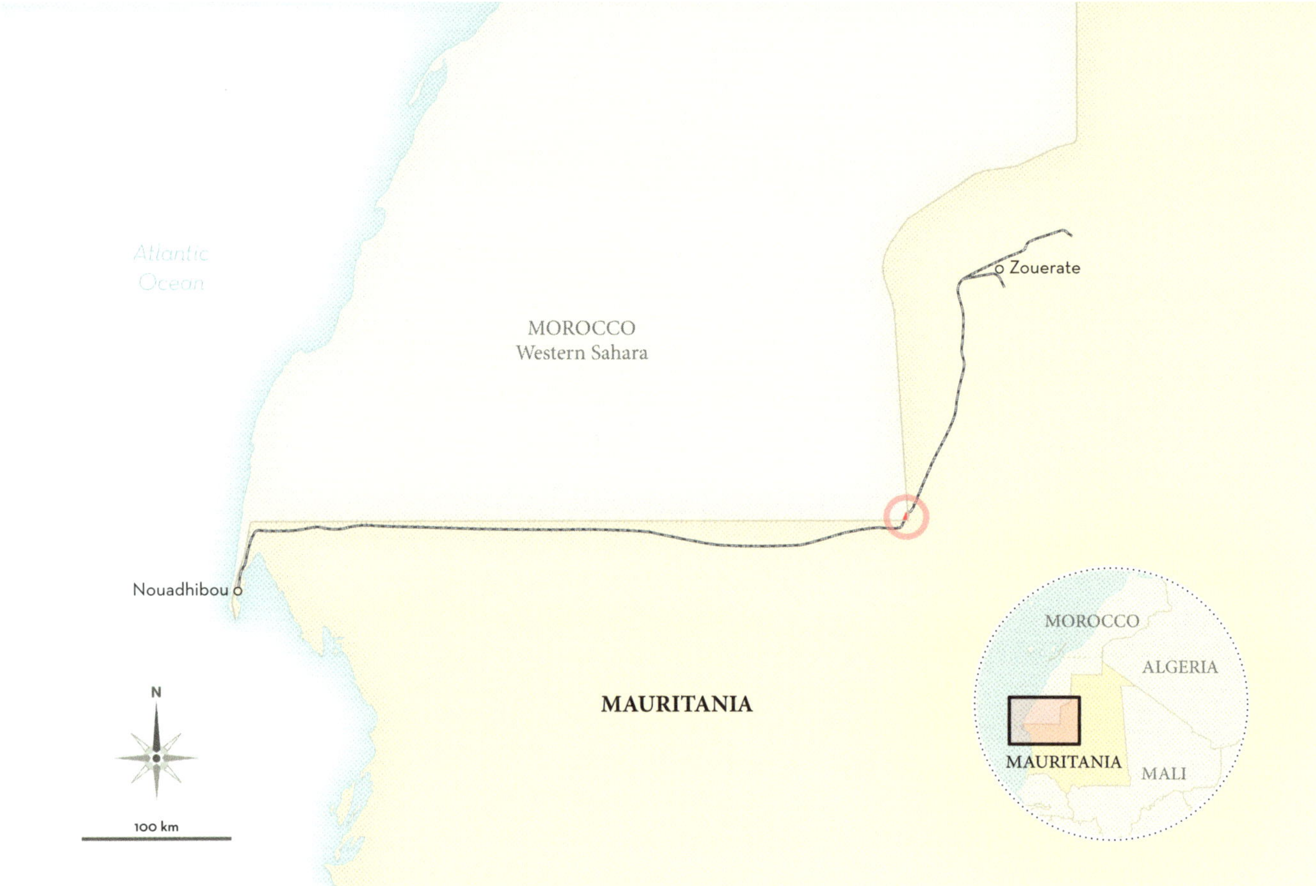

Atlantic
Ocean
MOROCCO
Western Sahara
Zouerate
Nouadhibou
MAURITANIA
N
100 km
MOROCCO
ALGERIA
MAURITANIA
MALI

Der Wüstenzug • Mauretanien

Ein seltener Zug, der fünf Kilometer durch ein anderes Land fährt oder auch wie man ohne Visum in die Westsahara reist

Die zwischen 1961 und 1963 erbaute einzige Eisenbahnlinie in Mauretanien verbindet über 704 km die Eisenmine von Zouerate im Norden des Landes mit der Hafenstadt Nouadhibou an der Atlantikküste.

In der Kolonialzeit von Frankreich gebaut (Mauretanien war Teil von Französisch-Westafrika), hat die Eisenbahn die Besonderheit, einen großen Umweg zu machen, um die Grenze der ehemaligen Kolonie mit der ehemaligen spanischen Kolonie Rio de Oro (heute Westsahara, ein umstrittenes Gebiet zwischen Marokko und der Polisario-Front) zu verlängern, ohne in das ehemalige spanische Territorium einzudringen. So wurde in einem schwierigen und bergigen Gelände der Choum-Tunnel gebaut (2 km lang), 460 km von Nouadhibou entfernt, dort wo die Grenze zwischen den beiden Ländern einen rechten Winkel macht

Seit 1991 und dem Ende des Westsahara-Krieges (auch wenn der Konflikt zwischen Marokko und der Polisario-Front noch lange nicht beigelegt ist) wurde eine 5 km lange Linie durch die Westsahara auf einem viel flacheren Gebiet gebaut, um den schwierigen Aufstieg für die – oft schwer mit Eisenerz beladenen – Züge, zu vermeiden.

Der Zug gilt tatsächlich als einer der längsten (und schwersten) der Welt: Gezogen von drei oder vier Lokomotiven kann seine Länge 2,5 km erreichen und er kann aus 200 bis 210 Waggons bestehen. Manchmal, aber eher selten, werden Personenwagen zu Güterwagen hinzugefügt.

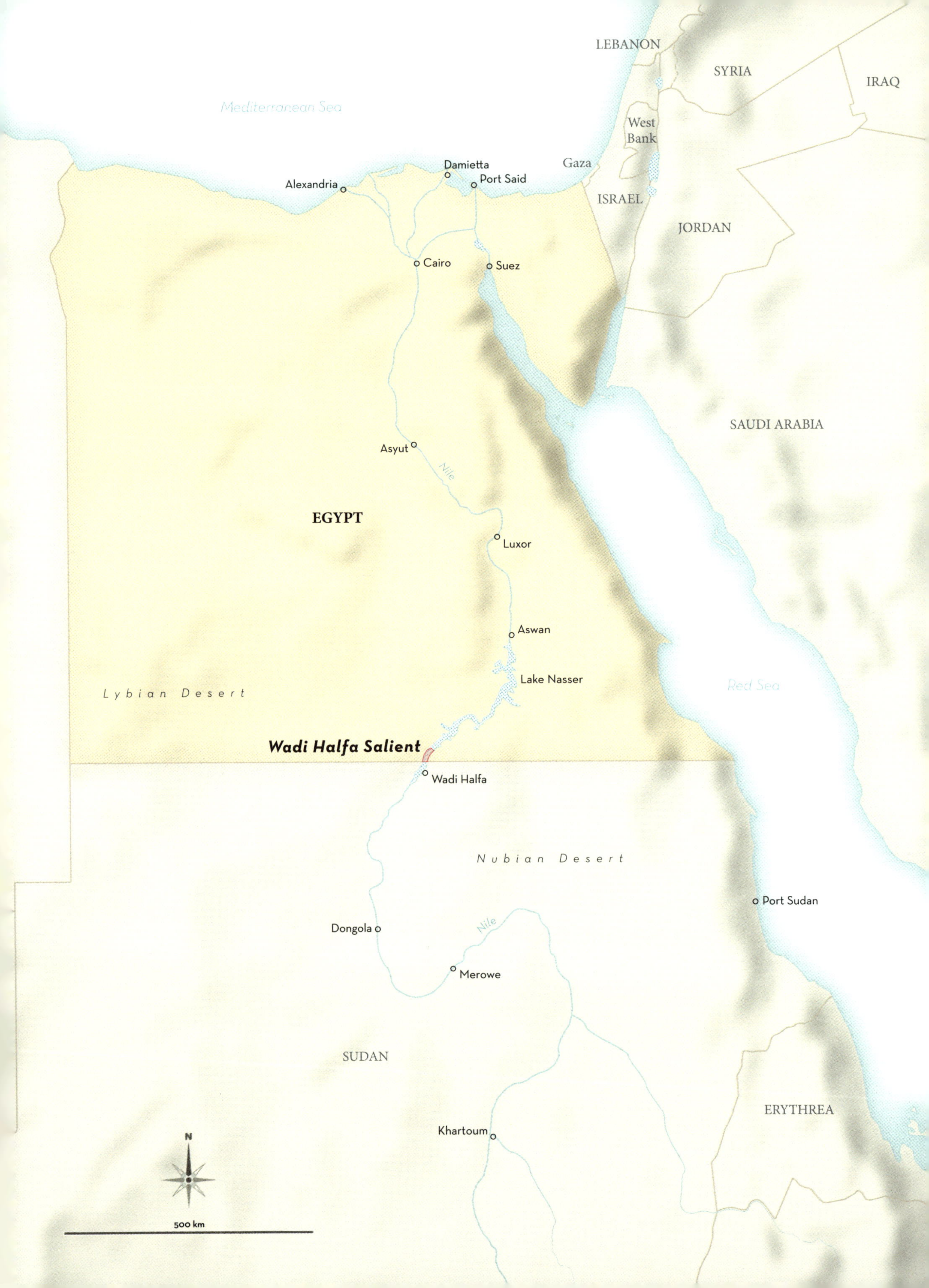
LEBANON
SYRIA
IRAQ
Mediterranean Sea
West Bank
Gaza
Damietta
Port Said
Alexandria
ISRAEL
JORDAN
Cairo
Suez
SAUDI ARABIA
Asyut
Nile
EGYPT
Luxor
Aswan
Lake Nasser
Lybian Desert
Red Sea
Wadi Halfa Salient
Wadi Halfa
Nubian Desert
Port Sudan
Dongola
Nile
Merowe
SUDAN
ERYTHREA
Khartoum
N
500 km

Wadi Halfa Salient · Ägypten/Sudan

Ein einzigartiger, eigentumswohnungsartiger Grenzvorsprung, der derzeit von Ägypten kontrolliert wird

Die Grenze zwischen Ägypten und dem Sudan ist fast über ihre gesamte Länge eine lange gerade Linie. Fast, denn im östlichen Teil gibt es zwei Unterbrechungen auf dieser Linie: eine östlich in einem Gebiet namens Bir Tawil (siehe Seite 139) und eine am Nil, genannt Wadi Halfa.
Der Wadi Halfa Salient, benannt nach einer nahe gelegenen sudanesischen Stadt 22 km südlich der Grenze, ist ein markanter Vorsprung der internationalen Grenze zwischen Ägypten und dem Sudan entlang des Nils im Norden. Am 19. Januar 1899 definierten das Vereinigte Königreich und Ägypten (das den Sudan seit dem 19. Jahrhundert besetzt hatte, aber seit 1882 unter britischer Besatzung stand) die Südgrenze von Sudan als die Gebiete südlich des 22. Breitengrads, daher die künstliche gerade Linie der heutigen Grenze.
Zwei Monate später, am 26. März 1899, wurde die Grenze im Wadi-Halfa-Gebiet zugunsten des Sudan geändert, um dem Land einen nördlichen Endpunkt bei der Stadt Faras für eine geplante Eisenbahnlinie ab Khartum zu verschaffen. Auch der Zugang zum Gebiet nördlich der Grenze entlang des Nils war vom Sudan aus einfacher. 1902 wurde eine neue Verwaltungsgrenze eingerichtet, die nördlich von 22 Grad nördlicher Breite entlang des Nils abweicht und das Gebiet unter sudanesische Verwaltung stellt.
Der Wadi Halfa Salient ist fingerförmig, etwa neun Kilometer breit und befindet sich zu beiden Seiten des ursprünglichen Verlauf des Nils, 25 Kilometer nordwärts in ägyptisches Gebiet hinein, mit einer Gesamtfläche von 210 km^2.
Der größte Teil des Gebiets wurde durch die Fertigstellung des Assuan-Staudamms im Juli 1970 und die Schaffung des 550 km langen und 35 km breiten Nasser-Stausees überschwemmt. Dies betraf die meisten Dörfer der Gegend und die antike Stadt Faras. Einige Menschen wurden nach New Halfa in der Region Butana umgesiedelt.
Vor der Überschwemmung befanden sich in der Gegend mehr als 50 Dörfer, von denen 24 westlich und 29 östlich des Nils lagen, sowie ein unbenanntes Dorf auf der Insel Faras im Fluss. Die größte Stadt und die einzige mit über 2.000 Einwohnern war Dubayrah.
Die Bir Tawil (siehe Seite 141) ist immer noch umstritten. Ägypten beansprucht nun die ursprüngliche Grenze von 1899 entlang des 22. Grades nördlich, während der Sudan die geänderte Grenze von 1902 will, d. h. die gleichen Gebiete wie Ägypten. Während es Streitigkeiten über das Hala'ib-Dreieck und militärische Besetzung durch Ägypten gab, blieb das Gebiet des Wadi Halfa Salient relativ undurchsichtig, da der größte Teil des Gebiets vom Nassersee überflutet worden war. Das Gebiet wird derzeit von Ägypten kontrolliert.

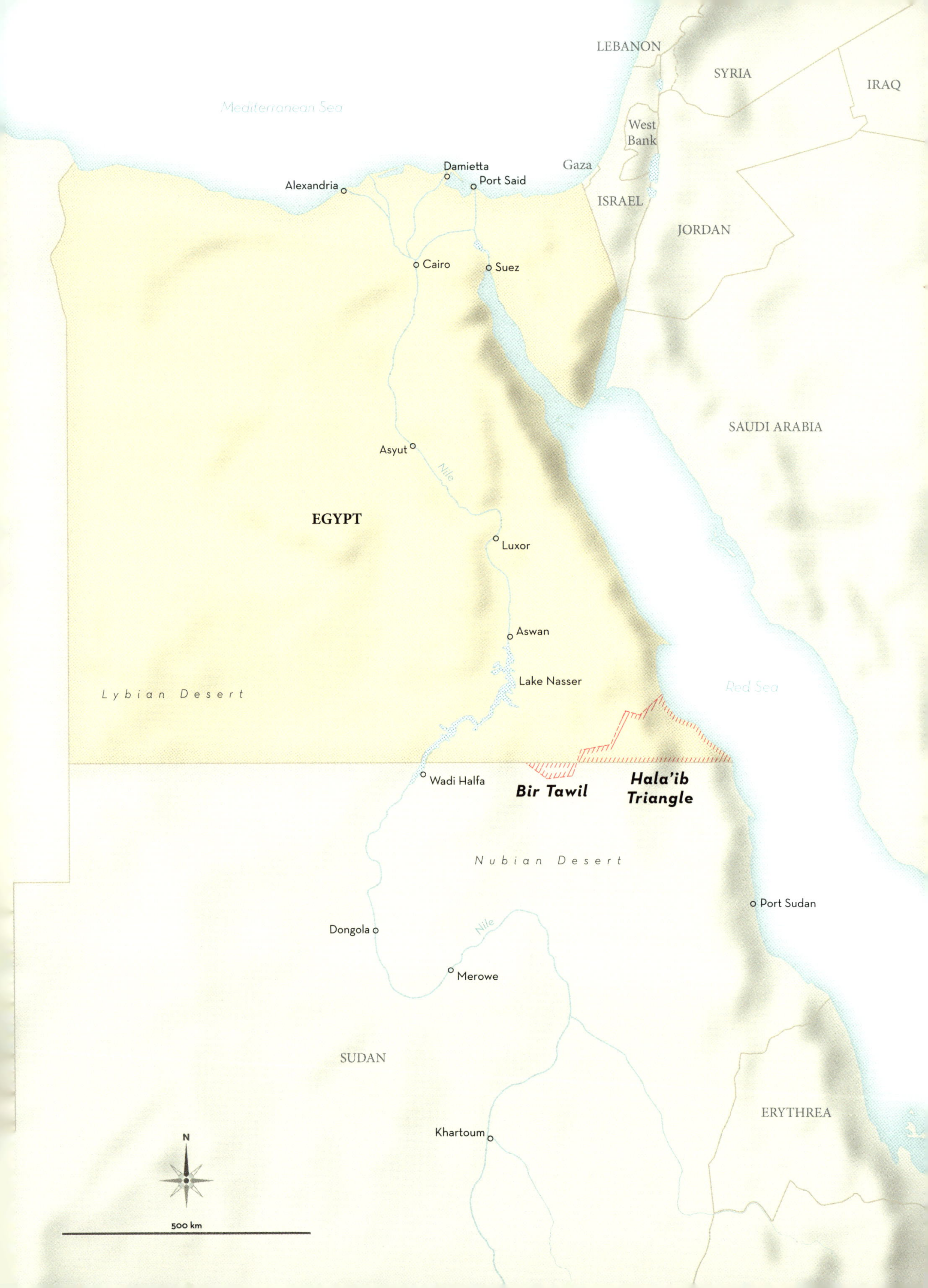

LEBANON
SYRIA
IRAQ
Mediterranean Sea
West Bank
Gaza
Damietta
Port Said
Alexandria
ISRAEL
JORDAN
Cairo
Suez
SAUDI ARABIA
Asyut
Nile
EGYPT
Luxor
Aswan
Lake Nasser
Lybian Desert
Red Sea
Wadi Halfa
Bir Tawil
Hala'ib Triangle
Nubian Desert
Port Sudan
Dongola
Nile
Merowe
SUDAN
ERYTHREA
Khartoum
N
500 km

Bir Tawil-Hala'ib-Dreiecke · Ägypten/Sudan

Das einzige wirkliche Niemandsland der Welt

Wenn Sie sich die Grenze zwischen Ägypten und dem Sudan genau ansehen, sehen Sie eine fast perfekte, lange, gerade Linie. Fast perfekt, denn im östlichen Teil gibt es zwei kleine Unterbrechungen: eine am Nil (siehe Wadi Halfa Seite 139) und eine östlich des Nils, in einem Gebiet namens Bir Tawil (2.000 km^2). Am 19. Januar 1899 definierten das Vereinigte Königreich und Ägypten (das den Sudan seit dem 19. Jahrhundert besetzte, aber selbst seit 1882 unter britischer Besatzung stand) die Südgrenze des Sudan als die Gebiete südlich des 22. Breitengrads, wodurch die imaginäre gerade Linie der heutigen Grenze entstand. Am 4. November 1902 wurde Bir Tawil jedoch, weil es vom Stamm der Ababda in der Nähe von Assuan (Ägypten) als Weideland genutzt wurde, unter ägyptische Verwaltung gestellt. Ebenso wurde das Halaib-Dreieck nordöstlich von Bir Tawil, dessen Bewohner Khartum (Sudan) kulturell näherstanden, dem britischen Gouverneur des Sudan unterstellt.
Nach der Unabhängigkeit im Dezember 1955 beanspruchte der Sudan offiziell das Hala'ib-Dreieck, ein viel wertvolleres Stück Land als das Bir-Tawil-Gebiet, das nur ein Zehntel so groß ist und keine dauerhaften Siedlungen, Straßen oder Zugang zum Meer hat.
In Anerkennung der unterschiedlichen Bedeutung beider Länder bestritt Ägypten jedoch dies und erklärte, die Verwaltungsgrenze von 1902 sei nur vorübergehend. Als solches gehörte aus ägyptischer Sicht das Hala'ib-Dreieck zu Ägypten und das Bir Tawil zum Sudan.
Ägypten und der Sudan haben ihren Grenzstreit nie beigelegt: Keiner von ihnen möchte das Eigentum an Bir Tawil beanspruchen, was ihrer Meinung nach bedeuten würde, dass sie das Eigentum am Hala'ib-Dreieck aufgeben müssten. Infolgedessen beanspruchen beide Staaten Hala'ib und keiner beansprucht das viel weniger wertvolle Bir Tawil. Da kein Drittstaat dieses vernachlässigte Niemandsland beansprucht, bleibt Bir Tawil einer der wenigen Landflecken der Welt, die von keinem international anerkannten Staat beansprucht werden.
Jeremiah Heaton, ein Bauer aus den USA mit messianischen Neigungen, versuchte 2014, Bir Tawil in Besitz zu nehmen. Er reiste dorthin und begann, nachdem er eine Flagge auf dem Land platziert hatte,, eine Kampagne für seinen neuen „Staat". Aber anstatt Lob für seine Taten zu erhalten, wurde er öffentlich als „Imperialist des 21. Jahrhunderts" bezeichnet und musste seinen Anspruch aufgeben.

Mbeya
TANZANIA
ZAMBIA
Mzuzu
Rovuma
Chizumulu
Likoma
Lake Malawi
MALAWI
Chipata
MOZAMBIQUE
Lilongwe
Lake Malombe
MOZAMBIQUE
Lake Chilwa
Blantyre
Shire
Zambezi
ZIMBABWE
N
100 km
Indian Ocean

Likoma und Chizumulu · Malawi/Mosambik

Inseln komplett von mosambikanischen Hoheitsgewässern und einer umstrittenen Seegrenze umgeben

Der Malawisee ist ein riesiges Binnengewässer (29.000 km^2), das sowohl zu Malawi als auch zu Mosambik gehört und die Grenze zwischen Malawi und Tansania bildet. Überraschenderweise verläuft die Grenze zwischen Malawi und Tansania nicht in der Mitte des Sees, sondern wie im englisch-deutschen Vertrag von 1890 vereinbart, an der tansanischen Küste (die britische Kolonialregierung stellte kurz nach der Eroberung Tanganjikas von Deutschland einseitig alle Gewässer des Sees unter die alleinige Gerichtsbarkeit ihrer ehemaligen Nyassaland-Kolonie). Malawi zufolge wird das Abkommen durch die Kairoer Resolution von 1964 gestützt, die afrikanische, bei dem Erreichen der Unabhängigkeit von Kolonialmächten übernommene Territorien entlang der Grenze einfror, um Afrikas Einheit zu zementieren. Tansania widerspricht dem und pocht auf die Tradition im internationalen Recht, dass die Grenze eine Position in der Mitte des Sees hat, sodass beide Staaten große Teile des Sees bekommen. Ursprünglich 1859 von David Livingstone Lake Nyasa genannt, nach „Nyasaland" (dem britischen Protektoratsnamen für Malawi vor der Unabhängigkeit des Landes im Jahr 1964), bedeckt der See ein ganzes Drittel des Landes von oben bis unten und bildet eine natürliche Grenze zwischen Malawi und Tansania sowie Malawi und Mosambik.
Die Einzigartigkeit des Sees liegt darin, dass seine beiden Inseln (Likoma und Chizumulu) in mosambikanischen Hoheitsgewässern liegen und nur wenige Kilometer von Mosambik entfernt sind, aber beide zu Malawi gehören, was sie de facto zu Malawi-Exklaven macht. Wenn Sie per Boot von Malawi nach Likoma oder Chizumulu wollen, müssen Sie durch Mosambik fahren. Der Grund dafür ist, dass die Inseln von anglikanischen Missionaren aus Njassaland kolonisiert wurden und nicht von den Portugiesen, die Mosambik kolonisierten. Als Antwort auf eine Bitte von David Livingstone im Jahr 1880 errichteten Missionare der Universitätsmission in Zentralafrika ihr Hauptquartier auf der Insel Likoma. Die Briten beanspruchten ursprünglich den gesamten Lake Nyasa/Lake Malawi (wie sie es mit Deutschland für die heutige Grenze zwischen Tansania und Malawi taten, siehe oben), unterzeichneten jedoch 1954 ein Abkommen mit Portugal, das die Mitte des Sees als Grenze zwischen ihrer Kolonie und Mosambik anerkennt.
Der See ist der zweittiefste in Afrika, der viertgrößte Süßwassersee der Welt und Heimat der meisten Fischarten. Der Malawisee hat eine größere Vielfalt an Fischarten als ganz Europa und Nordamerika zusammen.

Der erste Seesieg des britischen Empire im Ersten Weltkrieg

Eine interessante historische Tatsache über den Malawisee ist, dass hier während des Ersten Weltkriegs einiges los war. Als der Krieg erklärt wurde, erhielt Kapitän Rhoades von der *SS Gwendolen* auf dem Nyasa-See den Befehl, die *Hermann von Wissmann* „zu versenken, zu verbrennen und zu zerstören", das einzige deutsche Reichsschiff auf dem See. Es wurde durch eine einzelne Kanonengranate, die von der *SS Gwendolen* abgefeuert wurde, versenkt. Die Schlacht ist als erster Seesieg des britischen Empire im Ersten Weltkrieg bekannt geworden.

© Kaya Mawa

© Kaya Mawa

DEMOCRATIC REPUBLIC
OF THE CONGO
ANGOLA
ZAMBIA
MOZAMBIQUE
Zambezi
Katima
Mulilo
Caprivi Strip
Oshakati
Okavango
Rundu
Tsumeb
Grootfontein
Otjiwarongo
ZIMBABWE
NAMIBIA
BOTSWANA
Swakopmund
Windhoek
Walvis Bay
Limpopo
Mariental
Auob
Keetmanshoop
Lüderitz
ESWATINI
Vaal
Fish
Atlantic
Ocean
Orange
LESOTHO
SOUTH AFRICA
Indien
Ocean
N
500 km

Caprivi-Streifen • Namibia

Die geografische Kuriosität, die für den Zugang zum Sambesi-Fluss geschaffen wurde, erwies sich schließlich als nicht schiffbar …

Der Caprivistreifen ist ein 450 km langer und 30 km breiter Korridor, der aus der nordöstlichen Ecke Namibias herausragt. Er fühlt sich so weit vom Rest des Landes entfernt an, wie es auf der Karte aussieht. Er grenzt im Norden an Angola und Sambia und im Sûden an Botswana.

Der Caprivistreifen wurde nach Leo von Caprivi (siehe Bild unten) benannt, der von 1890 bis 1894 Reichskanzler war und damit die Nachfolge des bekannteren Otto von Bismarck antrat.

Im sogenannten Helgoland-Sansibar-Vertrag (bereits zu Bismarcks Zeiten in Vorbereitung) trat er im Juli 1890 Sansibar (1.666 km^2) und Suaheliland (3.000 km^2) im Tausch gegen die kleine Insel von Helgoland (1,7 km^2) an das britische Empire ab. Helgoland liegt nur wenige Kilometer vor der Küste Nordwestdeutschlands, was zur Sicherung dieser Grenze beigetragen hat.

Der Vertrag überließ Deutschland auch den Caprivistreifen, der dem bestehenden Deutsch-Südwestafrika (dem heutigen Namibia) hinzugefügt wurde, erkannte jedoch das Eigentum des britischen Empire an Ngamiland an, einem kleinen Stück Land im Nordwesten von Betschuanaland (dem heutigen Botswana), das an den Caprivistreifen grenzte.

Die Idee war, Deutsch-Südwestafrika mit dem Sambesi (an der Ostspitze des Caprivistreifen) und mit dem Rest von Südafrika sowie dem Indischen Ozean zu verbinden. In der Kolonialzeit war die Kontrolle schiffbarer Flüsse für die Handelsbeziehungen unerlässlich.

Der Fluss erwies sich jedoch wegen der weiter östlich gelegenen Viktoriafälle als nicht vollständig schiffbar.

Der Caprivistreifen wurde als Teil Namibias am 21. März 1990 unabhängig.

AFRICA
Equator
Greenwich meridian
Recife
Ascension
Luanda
SOUTH AMERICA
Saint Helena
Trindade and Martin Vaz
Rio de Janeiro
Tropic of Capricorn
Atlantic Ocean
Cape Town
Cape of Good Hope
12° 18'
37° 7'
Montevideo
Tristan da Cunha
Gough
Falkland
South Georgia
Bouvet
South Sandwich
South Shetlands
South Orkneys
Antarctic Circle
N
Antarctica Peninsula
Weddell Sea
ANTARCTICA
1 000 km

Tristan da Cunha · Großbritannien

Die abgelegenste menschliche Siedlung der Welt

Tristan da Cunha hat 266 Einwohner und ist ein abgelegener Archipel im Südatlantik, mehr als 2.000 km von den nächsten menschlichen Siedlungen St. Helena und Kapstadt in Südafrika entfernt. Es ist die abgelegenste menschliche Siedlung der Welt.

Die Inselgruppe besteht aus Tristan da Cunha, Nightingale sowie den Inaccessible und den Gough Islands. Gough und Inaccessible Islands sind Welt-Erbe.

Nach seiner Entdeckung im Jahr 1506 durch den Portugiesen Tristan da Cunha unternahm Jonathon Lambert aus Salem (Massachusetts, USA) den ersten Siedlungsversuch, als er 1810 eine Gruppe von drei Männern anführte, um eine Handelsstation auf Tristan zu errichten, die er in „Empfang" unbenannte und wollte diese als „Inseln der Erfrischung" bekannt machen. Tomasso Corri aus Livorno war der einzige Überlebende dieser jungen Gemeinschaft, als die *HMS Seiramis* 1813 ankam. Er berichtete, dass Lambert mit zwei Kameraden bei einem Fischunfall ertrunken war. Legenden von Tomassos Schatz sind in der Tristan-Community immer noch aktuell und werden in mehreren Büchern erforscht.

In den 1860er Jahren wurde Tristan da Cunha nach drei wichtigen Weltereignissen zunehmend von der Schifffahrt isoliert. Der Bürgerkrieg von 1861–1865 in den USA schränkte die bereits rückläufige Walfangindustrie noch mehr ein, deren Schiffe Tristan oft um Nachschub gebeten hatten. Die Eröffnung des Suezkanals im Jahr 1869 ermöglichte eine sicherere und viel schnellere Passage zu den fernöstlichen Märkten und vermied die Gefahren des Südatlantiks und Kaps der Guten Hoffnung. Schließlich ersetzte das Dampfschiff das Segelboot und isolierte Tristan da Cunha bedeutend.

Als der Zweite Weltkrieg näher rückte, wurden vor Tristan deutsche U-Boote und das Schlachtschiff *Graf Spee* gesichtet und 1942 wurde auf Tristan eine streng geheime Marinestation mit dem Codenamen Job 9 (später HMS Atlantic Isle) eingerichtet. Ihre Aufgabe bestand darin, U-Boote zu überwachen, die auftauchen mussten, um den Funkkontakt aufrechtzuerhalten und eine meteorologische Station zu bedienen.

Tristans winzige „Hauptstadt", Edinburgh of the Seven Seas, hat 266 Einwohner und dort leben alle Inselbewohner.

Tristan da Cunha wurde 1816 von den Briten besetzt, um jeden Versuch, Napoleon von St. Helena zu retten, zu verhindern.

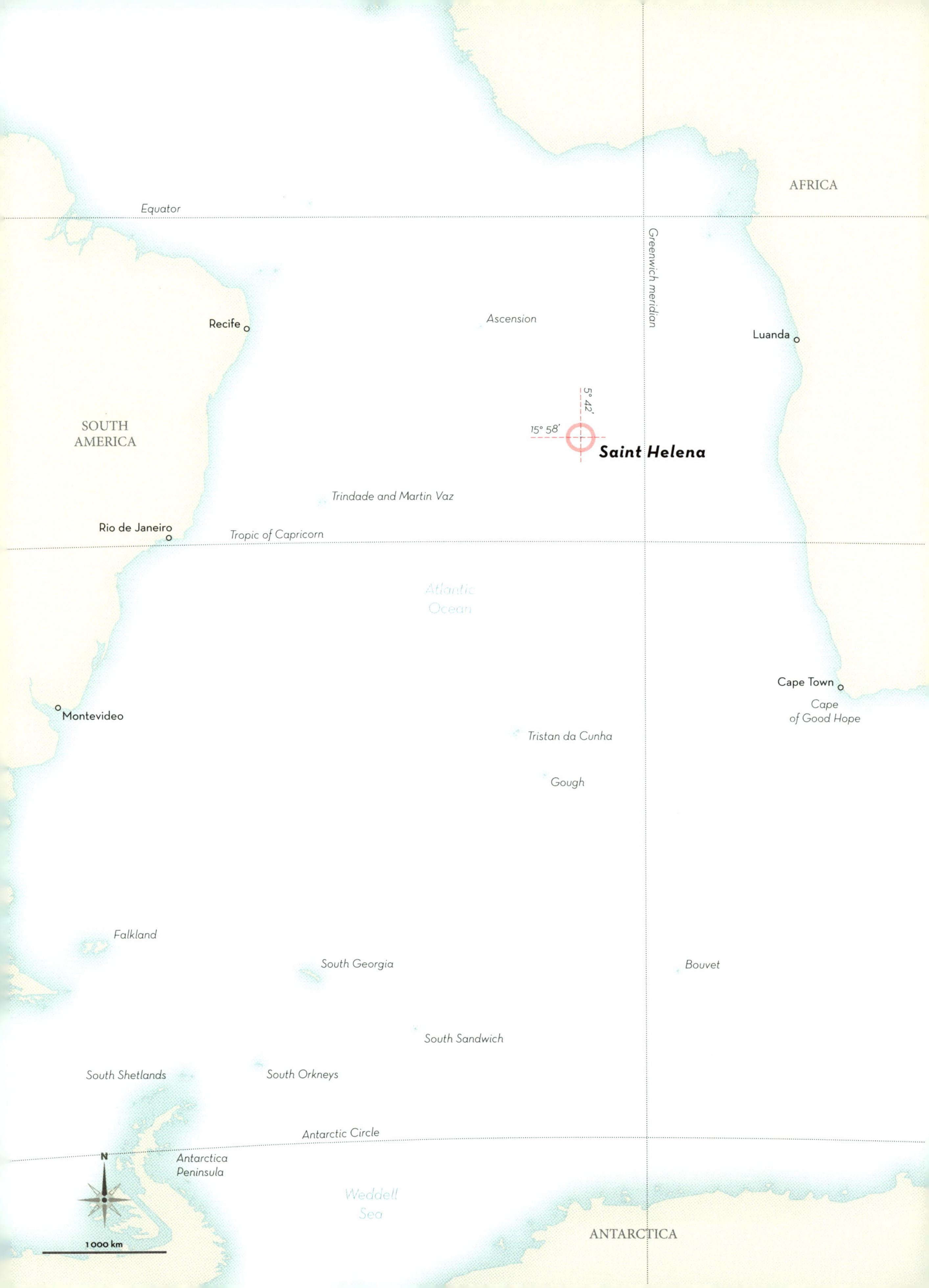

AFRICA
Equator
Greenwich meridian
Ascension
Recife
Luanda
SOUTH
AMERICA
5° 42'
15° 58'
Saint Helena
Trindade and Martin Vaz
Rio de Janeiro
Tropic of Capricorn
Atlantic
Ocean
Cape Town
Cape
of Good Hope
Montevideo
Tristan da Cunha
Gough
Falkland
South Georgia
Bouvet
South Sandwich
South Shetlands
South Orkneys
Antarctic Circle
N
Antarctica
Peninsula
Weddell
Sea
ANTARCTICA
1 000 km

Französische Gebiete auf St. Helena • Frankreich/Großbritannien

Ein französischer Besitz auf der Insel, die zu Großbritannien gehört, aufgrund Napoleons Exil zwischen 1815 und 1821

St. Helena ist eine Vulkaninsel im Südatlantik mit einer Größe von 122 km^2 und liegt 1.850 km westlich der Nordwestküste Namibias und 3.280 km südöstlich von Recife (Brasilien). Die Insel hat die Besonderheit, Gebäude zu haben, die offiziell zu Frankreich gehören, obwohl sie britisches Überseegebiet ist und zum Vereinigten Königreich gehört.

Die Insel ist berühmt, da sie vom 14. Oktober 1815 bis zu seinem Tod am 5. Mai 1821 der Ort des Exils von Napoleon war. Historisch gesehen spielte die Insel eine wichtige strategische Rolle bei der Passage von Schiffen der Indienkompanie, die sie jedoch bei der Eröffnung des Suezkanals im Jahr 1869 verlor.

Heute erstrecken sich die französischen Anwesen von St Helena über 14 Hektar: das Longwood House und das Valley of the Tomb im Distrikt Longwood und der Pavillon der Briars im Distrikt Alarm Forest.

Auf den Anwesen befinden sich ein Museum und Ausstellungen zum Leben des Kaisers. Die Gebäude und das Gelände werden vom französischen Außenministerium erhalten und sind seit 2004 administrativ dem französischen Konsulat in Kapstadt (Südafrika) angegliedert.

Ab 1815 wurde Napoleon im Longwood House festgehalten und starb am 5. Mai 1821. Am folgenden Tag sprach der Gouverneur der Insel, Sir Hudson Lowe zu seinem Gefolge: „Nun, meine Herren, er war der größte Feind Englands und meiner auch; aber ich vergebe ihm alles. Beim Tod eines so großen Mannes sollte man nur tiefe Trauer und tiefes Bedauern empfinden."

Seinem letzten Wunsch entsprechend wurde Napoleon am 9. Mai in der Nähe einer Quelle im Geranium Valley bestattet, das seitdem „Tal der Gruft" (Valley of the Tomb) genannt wird. Am 27. Mai verließ die gesamte französische Kolonie die Insel. Neunzehn Jahre später, 1840, erhielt der französische König Louis-Philippe vom Vereinigten Königreich die Asche des Kaisers. Napoleons Leichnam wurde nach Frankreich repatriiert und in Les Invalides in Paris beigesetzt.

Im Jahr 1858 erwarb Kaiser Napoleon III. Longwood House und das Valley of the Tomb von der britischen Regierung unter dem Namen „French Domains of Saint Helena". Der Briars-Pavillion, die erste Residenz des Kaisers auf der Insel, wurde 1959 zum Anwesen hinzugefügt, als sein letzter Besitzer es Frankreich schenkte.

© Michel Dancoisne-Martineau

SAINTE-HÉLÈNE. — Habitation impériale de Long-Wood.

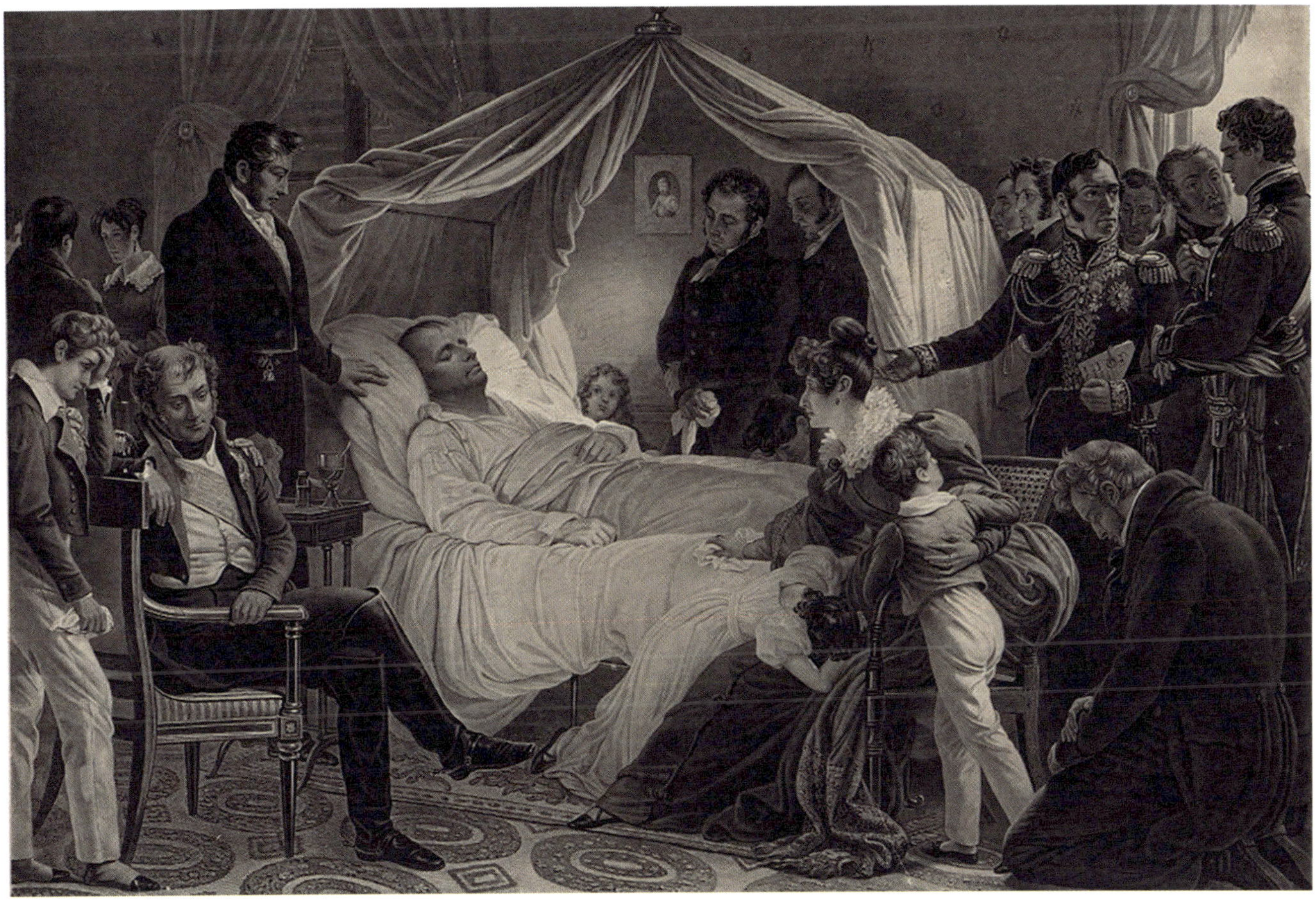

Popular Graphic Arts, Public domain, via Wikimedia Commons

© Banja-Frans Mulder / Halbinsel Musandam

Madha und Nahwa • Oman/VAE

Eine Enklave von Oman innerhalb der VAE
und eine Enklave der VAE innerhalb der Enklave von Oman …

Die Geografie der Vereinigten Arabischen Emirate (VAE) ist verwirrend. Das könnte daran liegen, dass einige Territorien in der Region vor der Gründung der VAE im Besitz verschiedener Herrscherfamilien waren; es war nicht unüblich für die Familien der Landbesitzer, Landgeschenke auszutauschen und die Loyalität gegenüber den Herrschern zu wechseln.

Mit rund 3.000 Einwohnern ist Madha eine omanische Exklave in den VAE. Dort grenzt es an Sharjah (Khor Fakkan), Fujairah und Ras al Khaimah. Madha wurde vor etwa 80 Jahren Teil von Oman, als sich die Bevölkerung entschied, sich dem omanischen Sultan anzuschließen, anstatt der Herrschaft von Ras al Khaimah, Fujairah oder Sharjah, da sie glaubten, der Oman könne ihnen mehr helfen.

Mit einer Fläche von nur 75 km² ist Nahwa eine Enklave der VAE innerhalb der omanischen Enklave Madha. Als solches ist es neben Baarle an der Grenze zwischen Belgien und den Niederlanden (siehe Seite 67) eine der wenigen Gegenenklaven der Welt. Die Ursprünge dieser Situation reichen bis in die 1930er Jahre zurück, als die Dorfbewohner von Madha die Anführer der lokalen Clans zu einem Fest einluden. Jeder Clan versprach dem Oman Loyalität, mit Ausnahme von Nahwa, das engeren Beziehungen zu Sharjah (den heutigen VAE) hatte und sich entschied, mit diesem Emirat verbunden zu bleiben.

Die zum Oman gehörende Halbinsel Musandam (1.800 km², 31.425 Einwohner) – siehe Foto gegenüber – ist ebenfalls eine Exklave, da sie durch die VAE vom Rest des Oman getrennt ist. Ihre Lage an der Straße von Hormuz gibt Oman die teilweise mit dem Iran geteilte Kontrolle über die strategische Meerenge. Das Gebiet wurde Teil des Oman, nachdem die Briten 1971 in das Gebiet einmarschiert waren, um es unter die Kontrolle des omanischen Regimes von Sultan Qaboos zu bringen, der nach einem von Großbritannien unterstützten Putsch gegen seinen Vater die Macht übernahm.

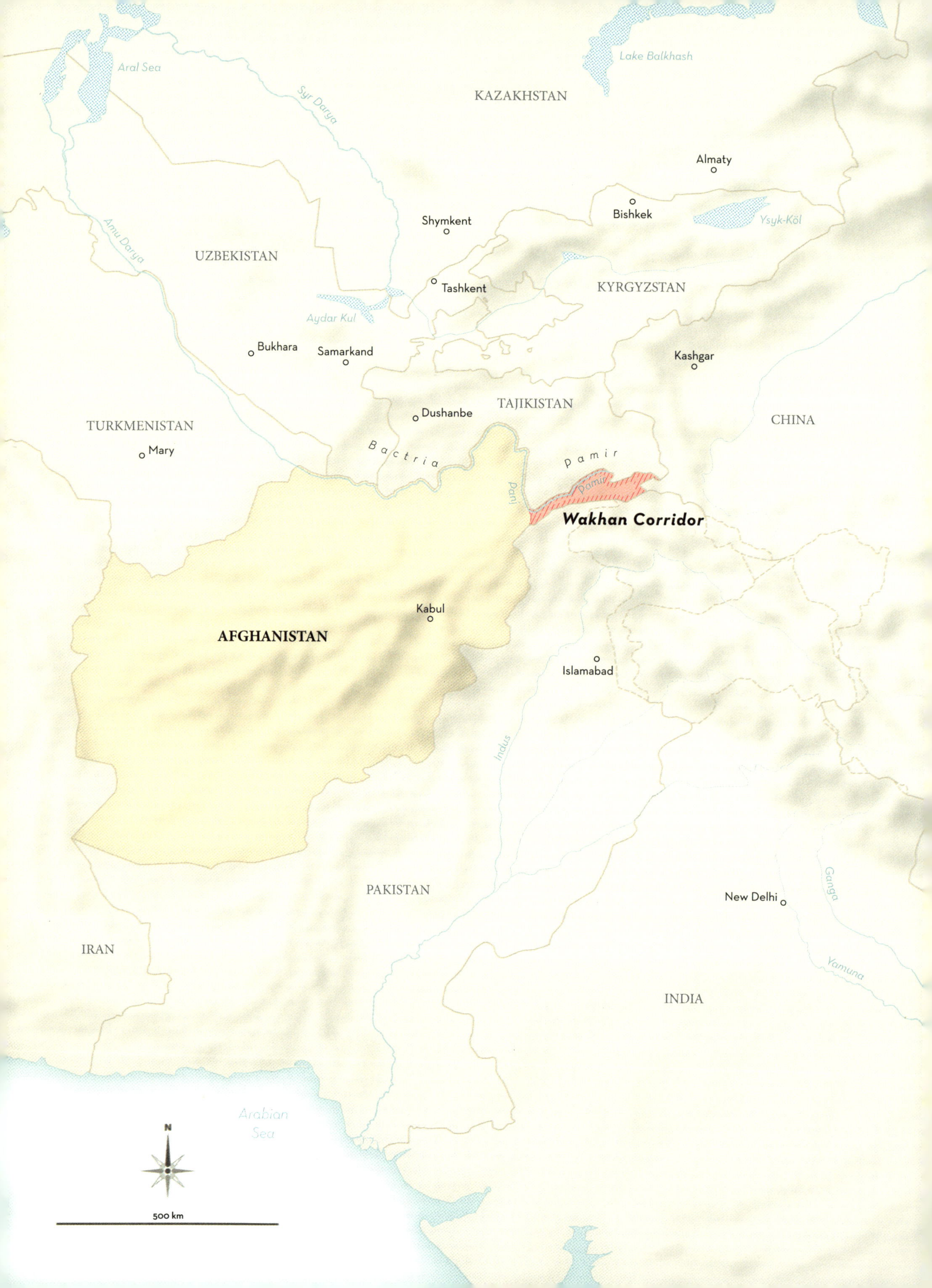
Aral Sea
Lake Balkhash
KAZAKHSTAN
Syr Darya
Almaty
Bishkek
Ysyk-Köl
Shymkent
Amu Darya
UZBEKISTAN
Tashkent
KYRGYZSTAN
Aydar Kul
Bukhara
Samarkand
Kashgar
TAJIKISTAN
Dushanbe
TURKMENISTAN
CHINA
Mary
Bactria
Pamir
Panj
Pamir
Wakhan Corridor
Kabul
AFGHANISTAN
Islamabad
Indus
PAKISTAN
New Delhi
Ganga
IRAN
Yamuna
INDIA
Arabian Sea
N
500 km

Wachankorridor · Afghanistan

Ein schmaler Landstreifen in Afghanistan,
der das britische Empire vor dem russischen Imperium schützen soll

Der Wachankorridor ist ein schmaler Landstreifen zwischen China, Tadschikistan und Pakistan in Afghanistan (350 km lang und weniger als 14 km breit).
Dieser Landstreifen wurde 1893 als Pufferzone zwischen den Gebieten Britisch-Indiens (einschließlich des heutigen Pakistans und Indiens) und des zaristischen Russlands (einschließlich des heutigen Tadschikistans) angelegt.
Der Korridor ist Teil einer politischen Schöpfung aus dem Great Game zwischen dem Britischen und Russischen Reich für den größten Teil des 19. Jahrhunderts und den Beginn des 20. Jahrhunderts. Es war ein Kampf um Einfluss und Macht über Afghanistan und benachbarte Gebiete in Zentral- und Südasien.
Im Norden des Korridors machte ein Abkommen von 1873 die Flüsse Panj und Pamir zur Grenze zwischen Afghanistan und dem Russischen Reich. Im Süden wurde die Durand-Linie 1893 von Mortimer Durand, einem britischen Diplomaten des indischen öffentlichen Dienstes, zusammen mit Abdur Rahman Khan, dem afghanischen Emir, kreiert.
Dieses Abkommen, das die Grenze zwischen Britisch-Indien und Afghanistan bestimmte, hinterließ einen schmalen, von Afghanistan beherrschten Landstreifen als Puffer zwischen den beiden Imperien, der im 20. Jahrhundert als Wachankorridor bekannt wurde.
Die Grenze zu China, die 1963 offiziell abgegrenzt wurde, ist offiziell geschlossen, was den Wachankorridor zu einem besonders unnahbaren Gebiet macht.
Der Wachankorridor war ein wichtiger Transitweg der alten Seidenstraße. Sogar Marco Polo hat ihn benutzt. Die Pässe über den Pamir führten im vierten und fünften Jahrhundert chinesische Pilger zu den buddhistischen Zentren im heutigen Afghanistan und Indien und dienten persischen Kaufleuten zum Verkauf ihrer Waren auf dem chinesischen Markt. Bis zum Zusammenbruch des Mogulreichs war der Wachankorridor eine der Hauptrouten für Händler und Kaufleute zwischen Indien, China und Großstädten wie Baktrien und Buchara im heutigen Afghanistan und Zentralasien. Mit der sich im späten 15. Jahrhundert schnell entwickelnden Nutzung von Seewegen durch Westler, um Indien und China zu erreichen, nahm die Bedeutung des Wachankorridors sowie der Seidenstraße ab.

© Tom Hartley

© USAID U.S. Agency for International Development

Bishkek
Syr Darya
Shymkent
KAZAKHSTAN
KYRGYZSTAN
Tashkent
Sarvan
Aydar Kul
Fergana Valley
Barak
UZBEKISTAN
Qalacha
Dzhangail
W. Qalacha
Shohimardon
Vorukh
Sokh
Samarqand
CHINA
N
TAJIKISTAN
Dushanbe
200 km

Enklaven des Ferghanatals · Grenze zwischen Usbekistan, Kirgisistan und Tajikistan

Die umstrittensten Enklaven der Welt

Zentralasien hat eine der höchsten Konzentrationen an Enklaven und Exklaven. Die zwischen Kirgisistan, Tadschikistan und Usbekistan geteilten Verwaltungsgrenzen im Ferghanatal wurden während der Sowjetzeit häufig neu gezogen, bis die Verfassung von 1936 die meisten Abgrenzungen zumindest auf dem Papier festlegte. Die Gesamtlänge der usbekisch-kirgisischen Grenze beträgt 1.379 km, von denen 1.055 km abgegrenzt sind, aber die 28 Abschnitte in den Distrikten Ala-Buka und Aksy, die einige in der Sowjetzeit gegründete Enklaven und etwa 300 km der Grenze umfassen, sind noch umstritten. Es gibt acht Enklaven im Ferghanatal, das jetzt zwischen Kirgisistan, Usbekistan und Tadschikistan aufgeteilt ist. Usbekistan hat vier Exklaven in Kirgisistan, Tadschikistan hat drei Exklaven (eine in Usbekistan und zwei in Kirgisistan) und Kirgisistan hat de facto eine winzige Exklave innerhalb Usbekistans.

Die beiden größten usbekischen Exklaven, Sokh und Shohimardon, liegen in Kirgistan. Die größte Enklave, Sokh, besteht aus 19 Dörfern und 60.000 Einwohnern mit 352 km², wobei 99 Prozent der Bevölkerung Tadschiken sind. Eine lokale Legende besagt, dass ein Funktionär der kommunistischen Partei Kirgisistans es 1955 bei einem Kartenspiel an seinen usbekischen Gegner verlor. Shohimardon (38,2 km², Einwohnerzahl 5.000, mit 90 Prozent Usbeken und 10 Prozent Kirgisen) ist ein beliebter Ferienort mit mehreren Sanatorien und ausserdem ein Wallfahrtsort. Eine Volkslegende behauptet, der Kalif Ali sei dort begraben, aber fast alle anderen glauben, dass er in Nadschaf im Irak begraben ist.

Andere usbekische Exklaven in Kirgistan sind winzig. Qalacha ist 3,5 km lang an der breitesten Stelle einen Kilometer breit und Dzhangail (1,7 km lang und 850 m breit) ist Ackerland und praktisch unbewohnt.

Das Gebiet hat vier weitere Enklaven: eine winzige tadschikische Enklave in Usbekistan (Sarvan) und zwei tadschikische Enklaven in Kirgisistan: Vorukh und West-Qalacha (Kaygarach). Kirgisistan hat auch eine Exklave innerhalb Usbekistans: Barak (4 km², mit 627 Einwohner).

© Asif Abbas CC BY-SA 4.0 via Wikimedia Commons

Unknown author Public domain via Wikimedia Commons

Nach tödlichen Bombenanschlägen in der usbekischen Hauptstadt Taschkent im Jahr 1999 veranlasste die Angst vor dem Eindringen islamistischer Terroristen Usbekistan dazu, entlang eines Großteils seiner Grenze zu Kirgisistan im fruchtbaren Ferghanatal eine Barriere zu errichten. Usbekistan legte im Sommer 2000 sogar Landminen entlang mehrerer Teile der Grenze, wobei Menschen und Tiere versehentlich getötet und verletzt wurden.
Aber während die vergleichsweise einfachen Streitigkeiten entlang der unmarkierten usbekisch-kirgisischen Grenze beigelegt wurden, bleiben mehrere von kirgisischem Territorium umgebene Gebiete Usbekistans umstritten. Die dort lebenden usbekischen Staatsbürger müssen in vielen Fällen kirgisische Grenzposten passieren, um die Exklaven zu verlassen. Einigen Experten zufolge besteht eine Option für Beamte in Taschkent und Bischkek zur Lösung der Exklavenfrage darin, dass Usbekistan das Gebiet innerhalb seiner beiden Exklaven an Kirgisistan im Austausch für eine ähnliche Menge an kirgisischem Territorium irgendwo entlang der Grenze abgibt. Ein solcher Handel würde mit ziemlicher Sicherheit Barak einschließen.
Kirgisistan schuf einen Präzedenzfall bei der Abtretung von Territorium, als es sich bereiterklärte, China 1999 Zehntausende Morgen in den Khan-Tengri-Bergen und der Uzbenku-Kuush-Schlucht zu überlassen, um einen Grenzstreit mit Peking zu lösen.
Einige kleine Landstücke wurden bereits von Usbekistan und Kirgisistan im Rahmen der von den Präsidenten der Länder in den Jahren 2017 und 2018 unterzeichneten Abkommen ausgetauscht. Vor dem Konflikt von 2021 sagte der tadschikische Präsident Emomali Rakhmon seinen Landsleuten dennoch, er habe keine Pläne für einen Landtausch der Exklave Worukh und dem kirgisische Territorium.
Der Ursprung dieser komplexen Grenzsituation ist nicht, wie viele meinen, auf die willkürliche Grenzziehung Stalins zurückzuführen, sondern auf die Kollektivierungskampagnen der 1930er-Jahre. Der Schlüssel war die kollektive Landwirtschaft einiger Gebiete, die sich manchmal in benachbarte Gebiete erstreckten. Ein Beispiel dafür war 1975, als die Kirgisen 1.000 Hektar Land gegen 450 Liter Wasser eintauschte, was fast sofort zu ethnischen Spannungen führte. Solange die Sowjetunion existierte, war das kein großes Problem, aber nach der Unabhängigkeit in 1991 wurde dies zu einem internationalen Streit.

BUTHAN
Darjiling
NEPAL
Shiliguri
Teesta
Jalpaiguri
Alipurduar
INDIA
Koch Bihar
Dahagram-
Angarpota
Kishanganj
Brahmaputra
Dhubiri
INDIA
Purnia
Saidpur
Rangpur
Dinajpur
BANGLADESH
N
Katihar
Ganges
50 km

Dahagram-Angarpota · Bangladesch/Indien

Die letzte verbliebene Enklave von Cooch Behar, ehemals die komplexeste Grenze der Welt

An seinem nächstgelegenen Punkt, etwa 178 Meter von der Grenze zu Bangladesch entfernt, ist Dahagram-Angarpota mit 17.000 Einwohnern die einzige bangladeschische Enklave in Indien. Es ist die letzte Enklave eines komplexen Flickenteppichs von 198 Enklaven und Exklaven, die es zur komplexesten Grenze der Welt gemacht haben. Dies wurde 2015 durch ein Abkommen zwischen Bangladesch und Indien beendet. Cooch Behar war bis 1949 ein unabhängiges Fürstentum, als es sich nach der Unabhängigkeit (1947) Indien anschloss. Heute ist es ein Distrikt im Bundesstaat Westbengalen. Bis 2015 besaß Cooch Behar 106 Exklaven in Bangladesch mit einer Gesamtfläche von 70 km^2. Davon waren drei Gegen-Enklaven (Enklaven innerhalb von Enklaven) und die weltweit einzige „dritte Ordnung" oder Gegen-Gegen-Enklave (Enklave innerhalb von Enklaven innerhalb von Enklaven): Dahala Khagrabari (7.000 Quadratmeter). Die größte indische Enklave war Balapara Khagrabari (26 km^2), die kleinste Panisala (1.100 km^2).

Umgekehrt besaß Bangladesch 92 Exklaven innerhalb Indiens mit einer Fläche von 50 km^2. Davon waren 21 Gegenenklaven. Die größte Exklave Bangladeschs war Dahagram-Angarpota (18,7 km^2, und die Einzige, die noch existiert) und die kleinste war die Gegenenklave Upan Chowki Bhaini mit 53 m^2.

Die Gesamtbevölkerung aller Enklaven wurde zu Beginn des 21. Jahrhunderts auf 70.000 geschätzt.

Der Ursprung der meisten Enklaven geht auf das Jahr 1713 zurück, als ein Vertrag zwischen dem Mogulreich und dem Königreich Cooch Behar das Territorium des letzteren um ein Drittel reduzierte. Den Moguln gelang es jedoch nicht, alle Häuptlinge von Cooch Behar aus dem gewonnenen Gebiet zu vertreiben. Zur gleichen Zeit behielten einige Mogulsoldaten Ländereien innerhalb von Cooch Behar, während sie dem Mogulreich treu blieben. Diese territoriale „Zersplitterung" war im damaligen Kontext nicht so auffällig: Der Subkontinent war stark zersplittert, ähnlich wie Deutschland vor 1871. Die meisten Enklaven waren wirtschaftlich autark und die Fragmentierung verursachte keine nennenswerten Grenzprobleme, da Cooch Behar ohnehin nominell den Moguln tributpflichtig war.

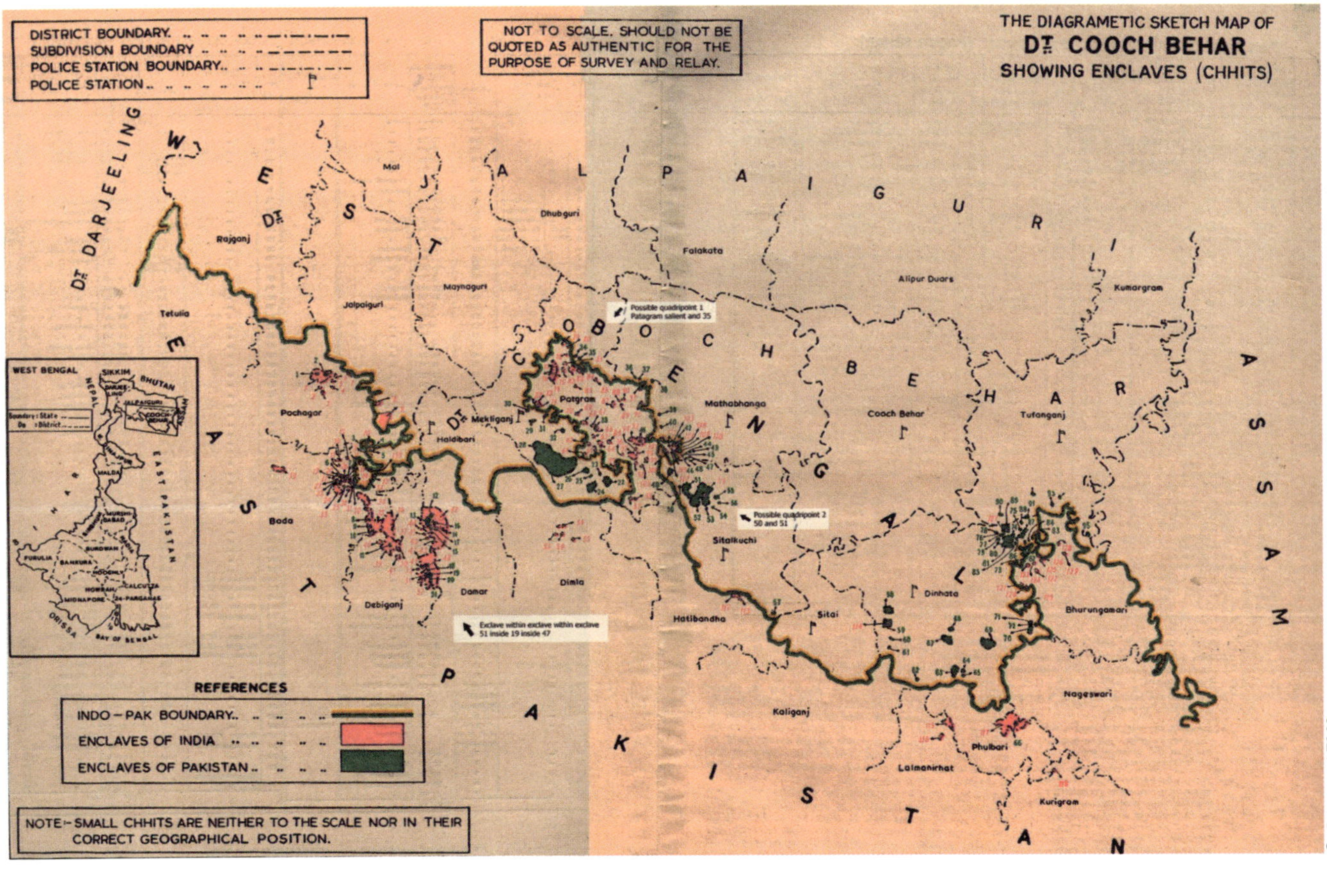

DISTRICT BOUNDARY
SUBDIVISION BOUNDARY
POLICE STATION BOUNDARY
POLICE STATION
NOT TO SCALE, SHOULD NOT BE QUOTED AS AUTHENTIC FOR THE PURPOSE OF SURVEY AND RELAY.
THE DIAGRAMETIC SKETCH MAP OF
Dt. COOCH BEHAR
SHOWING ENCLAVES (CHHITS)
Dt. DARJEELING
WEST Dt. JALPAIGURI
COOCH BEHAR
WEST BENGAL
ASSAM
EAST PAKISTAN
Rajganj
Mal
Dhubguri
Falakata
Alipur Duars
Kumargram
Maynaguri
Jalpaiguri
Tetulia
Possible quadripoint 1 Patagram salient and 35
Patgram
Mekliganj
Haldibari
Pachagar
Mathabhanga
Cooch Behar
Tufanganj
Possible quadripoint 2 50 and 51
Sitalkuchi
Boda
Debiganj
Domar
Dimla
Exclave within exclave within exclave 51 inside 19 inside 47
Hatibandha
Sitai
Dinhata
Bhurungamari
Nageswari
Kaliganj
Lalmonirhat
Phulbari
Kurigram
REFERENCES
INDO-PAK BOUNDARY
ENCLAVES OF INDIA
ENCLAVES OF PAKISTAN
NOTE:- SMALL CHHITS ARE NEITHER TO THE SCALE NOR IN THEIR CORRECT GEOGRAPHICAL POSITION.

1765 übernahmen die Briten die Kontrolle über das Mogul-Territorium durch die East India Company, die 1814 überrascht war, extraterritoriale Punkte von Cooch Behar in ihrem Territorium zu entdecken. Diese Enklaven wurden manchmal als Zufluchtsort von Straftätern, die vor der Polizei flohen, genutzt.
1947 wurden die ehemaligen Mogulgebiete Teil des östlichen Teils Pakistans (der westliche Teil ist das heutige Pakistan) und Cooch Behar trat Indien erst 1949 als einer der letzten der etwa 600 Fürstenstaaten vor der Unabhängigkeit bei.
1971 erlangte Ostpakistan als Bangladesch die Unabhängigkeit.
Bemerkenswerterweise überlebte der Enklaven-Komplex all diese Souveränitätswechsel auf beiden Seiten der Grenze – obwohl der Enklaven-Komplex vor der Unabhängigkeit Indiens noch komplizierter war, mit etwa 50 Cooch-Behar-Exklaven in Assam und Westbengalen, die wegrationalisiert wurden, als alle drei Teil von Indien wurden.
Versuche in den Jahren 1958 und 1974, Enklaven über die internationale Grenze hinweg auszutauschen, erwiesen sich als schwerer fassbar, obwohl international gesehen diese Enklaven ihre Verwaltung äußerst kompliziert machte und daher ein solcher Austausch nützlicher war als die rein indischen Enklaven. Die Grenzsituation hat es den Menschen in den Enklaven oft unmöglich gemacht, legal zur Schule, ins Krankenhaus oder auf den Markt zu gehen. Komplizierte Vereinbarungen zur Überwachung und Versorgung der Enklaven mussten getroffen werden: Eine Liste aus dem Jahr 1950 mit Produkten, die in die Enklaven importiert werden durften, umfasste Streichhölzer, Stoffe und Senföl.
Alles änderte sich im September 2011, als Indien das Zusatzprotokoll für das Landgrenzen-Abkommen von 1974 mit Bangladesch unterzeichnete und beide Nationen ihre Absicht ankündigten, 162 Enklaven zu tauschen, um den Einwohnern die Möglichkeit zu geben, ihre Nationalität zu wählen.
Im Rahmen der Vereinbarung erhielt Indien 51 der 71 bangladeschischen Enklaven, die sich innerhalb des eigentlichen Indiens befanden (28,7 km^2), während Bangladesch 95 bis 101 der 103 indischen Enklaven innerhalb des eigentlichen Bangladesch (69,4 km^2) erhielt. Laut der gemeinsamen Volkszählung vom Juli 2010 lebten 14.215 Menschen in bangladeschischen Enklaven in Indien und 37.269 Menschen in indischen Enklaven in Bangladesch. Die in diesen Enklaven lebenden Menschen ohne Staatsbürgerschaft durften nun ihre Nationalität wählen.
Das Abkommen wurde schließlich am 6. Juni 2015 von beiden Ländern ratifiziert und die ehemaligen Bewohner der Enklaven nahmen 2019 an ihren ersten Regierungswahlen teil.

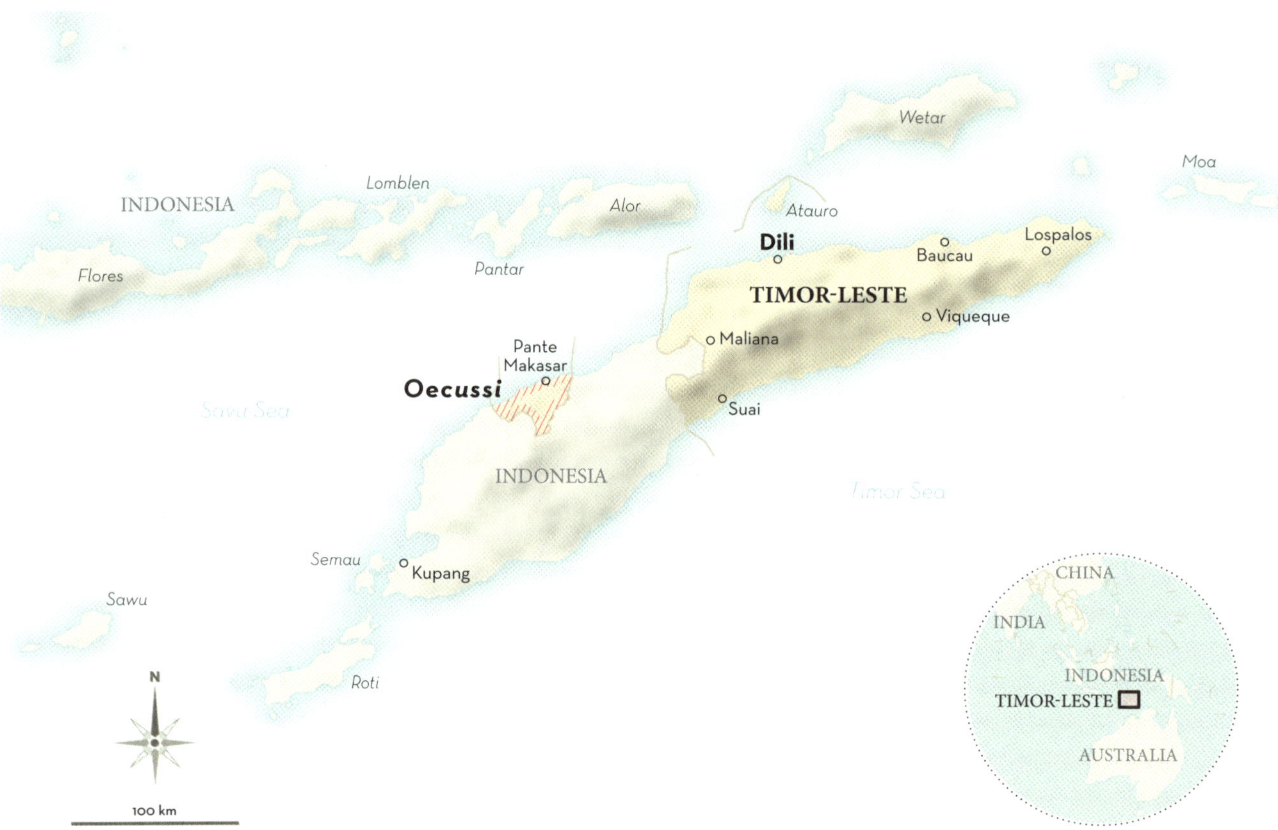

INDONESIA
Lomblen
Alor
Wetar
Moa
Atauro
Dili
Baucau
Lospalos
Flores
Pantar
TIMOR-LESTE
Viqueque
Maliana
Pante
Makasar
Oecussi
Suai
Savu Sea
INDONESIA
Timor Sea
Semau
Kupang
Sawu
Roti
N
100 km
CHINA
INDIA
INDONESIA
TIMOR-LESTE
AUSTRALIA

Oe-Cusse Ambeno · Osttimor/Indonesien

Eine vergessene osttimoresische Enklave in Indonesien

Nicht einmal in Indonesien ist das Territorium Oe-Cusse Ambeno (815 km^2) besonders bekannt: eine Enklave des seit 2002 unabhängigen Staates Osttimor im westlichen Teil der zu Indonesien gehörenden Insel Timor.
Ihre Existenz verdankt die Enklave dem Umstand, dass die Portugiesen 1515 an dieser Stelle erstmals auf der nördlich von Australien gelegenen Insel Timor anlandeten.
1516 siedelten portugiesische Dominikanermönche in Lifau, das 1702 Hauptstadt der portugiesischen Kolonie Timor wurde. Diese wurde 1767 nach Dili (heute Hauptstadt von Westtimor) verlegt, da holländische Streitkräfte einzufallen drohten.
Seit dem 17. Jahrhundert war die Insel Timor immer wieder Schauplatz von Auseinandersetzungen zwischen Portugal und den Niederlanden, die 1613 nach Timor kamen. Die Niederlande hatten von Anfang an vor, den äußerst einträglichen Handel mit Sandelholz zu kontrollieren (ähnlich wie den Gewürzhandel auf den Molukken weiter im Norden).
1652 eroberten die Niederländer Kupang (die an der Westküste der Insel gelegene heutige Verwaltungshauptstadt des indonesischen Teils von Timor). Die Portugiesen waren gezwungen, sich nach Lifau im Gebiet von Oe-Cusse zurückzuziehen und zu versuchen, den Ostteil der Insel rund um die heutige Hauptstadt Dili zu kolonisieren.
Ab den 1850er-Jahren brachte der Handel des überbewirtschafteten Sandelholzes nicht mehr die nötigen Erträge ein. Die geschwächte portugiesische Administration nahm deshalb Verhandlungen mit den Niederlanden auf. Es ging um den Westteil von Timor (mit Ausnahme des Territoriums Oe-Cusse Ambeno) sowie die Inseln Flores und Solor weiter im Norden. Als Gegenleistung wurden 1859 im letztlich erst 1914 ratifizierten Vertrag von Lissabon Geldzahlungen und die Abtretung von Fort Maubara im Osten vereinbart.
1975 wurde die portugiesische Kolonie Osttimor nach der Nelkenrevolution in Portugal unabhängig. Nur einen Monat später besetzte Indonesien am 29. November 1975 zunächst Oe-Cusse Ambeno und eine Woche später ganz Osttimor. 1976 folgte die einseitige Annektierung. Nach einem langen Krieg, in dem das Land knapp ein Drittel seiner Bevölkerung verlor, wurde Osttimor 2002 erneut unabhängig – einschließlich seiner Enklave Oe-Cusse Ambeno.

Osttimor und die Philippinen sind die einzigen Länder Südostasiens, in denen der Katholizismus die vorherrschende Glaubenszugehörigkeit ist. Amtssprachen des Landes sind, zulasten der im Alltag deutlich gängigeren Sprachen Indonesisch und Englisch (aufgrund der Nähe zu Australien), Portugiesisch und Tetum (wenngleich Portugiesisch heute trotz entsprechender Bemühungen Portugals kaum noch gesprochen wird).

Dalian
Pyongyang
NORTH KOREA
Seoul
Incheon
CHINA
SOUTH KOREA
Sea of Japan
(East Sea)
Qingdao
Gunsan
Yellow Sea
Gwangju
Busan
Mokpo
JAPAN
Jindo Island
Geojedo
Island
Hiroshima
Tsushima
Modo Island
Jindo Sea
Fukuoka
Jejudo
Island
N
Nagasaki
East China Sea
Pacific
Ocean
200 km
Shanghai

Welcome to Jindo

Die Insel Jindo • Südkorea

Wo sich in einem der erstaunlichsten Naturphänomene der Welt das Meer teilt

Das Jindo „Moses-Wunder" findet zweimal im Jahr auf der Insel Jindo statt, der drittgrößten Insel in Korea, die zwischen den Inseln Jejudo und Geojodo im Jindo-Meer, dem nördlichen Teil des Ostchinesischen Meeres, liegt. Ein paar Mal im Jahr (normalerweise Ende Februar und Mitte Juni) wird bei Ebbe etwa eine Stunde lang ein 2,8 km langer und 40 Meter breiter Landweg freigelegt, der die Inseln Jindo und Modo verbindet und dann wieder vom Meer überschwemmt wird.

Während dieser Stunde schaffen es Hunderte von Menschen, zwischen den Inseln über das Meer zu laufen.

Dieses Naturphänomen ähnelt der Teilung des Roten Meeres von biblischem Ruhm, daher auch der Name. Auf der Insel Jindo ist die Meeresteilung kein Wunder, sondern das Ergebnis extrem niedriger Gezeiten, die durch Gezeitenharmonien verursacht werden, oder einfach gesagt, die Schwerkraft von Sonne und Mond, die an der Erdoberfläche ziehen. Jeder von ihnen erzeugt unterschiedliche Gravitationskräfte, was zu mehreren einzigartigen, wiederkehrenden Mustern in der Flut führt.

Manchmal reihen sich jedoch zahlreiche gezeitenharmonische Ereignisse aneinander, um eine sehr hohe oder sehr niedrige Flut zu erzeugen.

Was also wie eine biblische Teilung der Gewässer erscheinen könnte, ist in Wirklichkeit nur eine Absenkung des gesamten Meeresspiegels. Solange die Formen und Orte der Inseln unverändert bleiben, wird die Meeresteilung weitergehen.

Es gibt eine andere, viel poetischere Erklärung für dieses Phänomen. Laut einer lokalen Legende wurde die Insel Jindo einst von Tigern bewohnt. Als die Kreaturen anfingen, die umliegenden Dörfer zu bedrohen, hatten die Menschen keine andere Wahl, als nach Modo zu fliehen. Eine junge Frau namens Bbyong wurde versehentlich zurückgelassen. Sie wollte unbedingt zu ihren Lieben und betete Tag und Nacht zu Yongwang, dem Gott des Ozeans, bis er ihr schließlich in einem Traum sagte, dass ein Regenbogen im Meer erscheinen würde, damit sie ihn überqueren könne. Als sie am nächsten Morgen aufwachte, stellte sie fest, dass sich das Meer tatsächlich geteilt hatte und eine Regenbogenstraße sie zu der Insel führte, wo ihre Familie wartete.

06:30
Cocos (Keeling) Islands
Christmas Island
INDONESIA
PAPUA NEW GUINEA
SOLOMON ISLANDS
Darwin
Northern Territory
09:30
Alice Springs
AUSTRALIA
Queensland
Western Australia
South Australia
09:30
Brisbane
Coolangatta Tweed Heads
11:30
Norfolk Island
Eucla
08:45
Perth
Indian Ocean
New South Wales
Broken Hill
09:30
10:30
Lord Howe Island
Sydney
Adelaide
Victoria
Melbourne
N
Hobart
Tasmania
NEW ZEALAND
1 000 km
07:00
08:00
09:00
10:00
11:00
12:00

CENTRAL TIME ZONE
SUBTRACT ½ HOUR

Seltsame Zeitschleifen Australiens

Zeitzonenanomalien, die so seltsam sind, dass Sie sogar zweimal in derselben Nacht ein neues Jahr feiern können

Wenn Sie eine Google-Suche nach der Zeit in Sydney und dann in der Stadt Broken Hill in New South Wales (17.800 Einwohner) im selben Bundesstaat durchführen, werden Sie sehen, dass letztere 30 Minuten hinter der Landeshauptstadt liegt. Im Gegensatz zum Rest von New South Wales gilt in Broken Hill und der umliegenden Region die Australian Central Standard Time (Universal Coordinated Time, UTC + 9:30), dieselbe Zeitzone, die im nahe gelegenen Südaustralien verwendet wird.

Der Grund? Als die australischen Herrschaftsgebiete 1892 die Standardzeit einführten, führte die einzige direkte Bahnverbindung von Broken Hill nach Adelaide und nicht nach Sydney.

In ähnlicher Weise wird Broken Hill im Hinblick auf Postpaketgebühren und Telefongebühren als Teil von Südaustralien angesehen.

Broken Hill war früher auch eine Break-of-Gauge-Station, an der sich die staatlichen Eisenbahnsysteme von South Australia und New South Wales trafen.

In seiner Kolonialzeit (bis 1899) befand sich Südaustralien in einer zentralen Zeitzone, die eine Stunde hinter dem Osten lag. Unter dem Druck der Handelskammer, die Eastern Standard Time (EST) einzuführen, kam die Regierung zu einem Kompromiss, der die Uhren 30 Minuten hinter denen an der australischen Ostküste zurückstellte.

Australiens Nord–Territorium (250.000 Einwohner) stellt nicht auf die Sommerzeit um und bleibt somit das ganze Jahr in der gleichen Zeitzone.

Lord Howe Island (382 Einwohner, Teil des Gebiets ohne eigene Rechtspersönlichkeit in New South Wales) verwendet im Sommer eine Abweichung von UTC + 11. Im Winter, nach Ende der Sommerzeit, stellen sie die Uhren eine halbe Stunde zurück (UTC + 10:30).

Norfolk Island (2.169 Einwohner) wurde kürzlich von + 11:30 auf + 11:00 geändert.

Die Cocos (Keeling) Islands (596 Einwohner), ein abgelegenes Gebiet Australiens im Indischen Ozean, verwenden UTC + 6:30.

Die offizielle Zeit in der winzigen Stadt Eucla in Südaustralien (53 Einwohner) und Umgebung liegt 45 Minuten vor Westaustralien (WA) und 45 Minuten hinter Südaustralien (SA). Das liegt daran, dass bei der Gründung von Eucla im Jahr 1885 der Zeitunterschied zwischen SA und WA eine Stunde und 30 Minuten betrug, sodass beschlossen wurde, dort eine Zeit auf halbem Weg zwischen WA-Zeit und SA-Zeit festzulegen, wodurch eine neue Zeitzone entstand, 45 Minuten.

Die Stadt Tweed Heads (8.200 Einwohner) ganz im Norden von New South Wales geht nahtlos in Coolangatta (knapp 6.000 Einwohner) an der Goldküste von Queensland über. Die beiden Staaten befinden sich angeblich in derselben Zeitzone, aber in New South Wales hält man die Sommerzeit ein und in Queensland nicht. Damit haben sich die Partnerstädte eine besondere Nische geschaffen, denn hier kann man zweimal Silvester feiern. Beginnen Sie in Tweed Heads und machen Sie dann einen kleinen Spaziergang nach Coolangatta, wo die Party erst eine Stunde später beginnt.

ÜBER DEN JONGLEZ VERLAG

Im September 1995 hielt sich Thomas Jonglez in der Stadt Peschawar auf. Sie liegt im Norden Pakistans, 20 Kilometer von der Stammeszone entfernt, die er ein paar Tage später besuchen wollte. Dort kam ihm der Gedanke, alle verborgenen Winkel seiner Heimatstadt Paris, die er wie seine Westentasche kennt, schriftlich festzuhalten. Auf seiner Heimreise von Beijing, die sieben Monate dauerte, durchquerte er Tibet (wo er heimlich, unter Decken in einem Nachtbus versteckt, einreiste), den Iran und Kurdistan. Er reiste dabei nie im Flugzeug, sondern per Boot, Zug oder Bus, per Anhalter, mit dem Rad, dem Pferd oder zu Fuß, und erreichte Paris gerade rechtzeitig, um mit seiner Familie Weihnachten feiern zu können. Nach seiner Rückkehr verbrachte er zwei großartige Jahre damit, durch die Straßen von Paris zu streifen, um gemeinsam mit einem Freund seinen ersten Reiseführer über die verborgenen Orte seiner Stadt zu schreiben. Während der nächsten sieben Jahre arbeitete er im Stahlsektor, bis ihn seine Entdeckerleidenschaft wieder überkam. 2003 gründete er den Jonglez Verlag und zog drei Jahre später nach Venedig. 2013 verließ er mit seiner Familie Venedig auf der Suche nach neuen Abenteuern und unternahm eine sechsmonatige Reise nach Brasilien mit Zwischenstopps in Nordkorea, Mikronesien, auf den Salomon-Inseln, der Osterinsel, in Peru und Bolivien. Nach sieben Jahren in Rio de Janeiro lebt er heute mit seiner Frau und seinen drei Kindern in Berlin.
Der Jonglez Verlag publiziert Titel in neun Sprachen und 40 Ländern.

ÜBER DEN AUTOR

© Christine Bohling

Vitali Vitaliev ist ein in Großbritannien ansässiger, mehrfach preisgekrönter Autor, Kolumnist, Redakteur und Rundfunksprecher. Er begann seine Karriere in der ehemaligen UdSSR, wo er als erster investigativer Journalist des Landes bekannt wurde und im Januar 1990 flüchten musste. Dann lebte und arbeitete er in Australien, England, Schottland und Irland und bereiste mehr als 70 Länder. Vitali ist Autor von 15 Büchern, die in fünf Sprachen übersetzt wurden. Er hat als Journalist für einige der großen englischsprachigen Zeitungen gearbeitet und ist jetzt Royal Literary Fund Fellow sowie Writing Fellow und Teaching Associate an der University of Cambridge. Vitali lebt mit seiner Partnerin Christine und Tashi, einem pelzigen Tibet-Terrier, in einer englischen Kleinstadt unweit von London.

IM SELBEN VERLAG ERSCHIENEN

Atlas

Atlas der Wetterextreme

Bildbände

Stilles Venedig
Ungewöhnliche Hotels
Venedig aus der Luft
Verbotene Orte
Verlassenes Deutschland
Verlassenes Frankreich
Verlassene Kinos der Welt
Verlassenes Italien
Verlassenes Japan
Verlassene Kirchen – Kultstättten im Verfall
Verlassene UdSSR
Verlassene USA

Auf Englisch
Abandoned Asylums
Abandoned Australia
Abandoned France
Abandoned Lebanon
Abandoned Spain
After the Final Curtain – The Fall of the American Movie Theater
After the Final Curtain – America's Abandoned Theaters
Baikonur – Vestiges of the Soviet Space Programme
Chernobyl's Atomic Legacy
Forbidden Places – Exploring our Abandoned Heritage Vol. 1
Forbidden Places – Exploring our Abandoned Heritage Vol. 2
Forbidden Places – Exploring our Abandoned Heritage Vol. 3
Forgotten Heritage
Unusual Wines

„Soul of"-Reihe

Soul of Amsterdam – 30 einzigartige Erlebnisse
Soul of Athen – 30 einzigartige Erlebnisse
Soul of Barcelona – 30 einzigartige Erlebnisse
Soul of Berlin – 30 einzigartige Erlebnisse
Soul of Kyoto – 30 einzigartige Erlebnisse
Soul of Lisbon – 30 einzigartige Erlebnisse
Soul of Los Angeles – 30 einzigartige Erlebnisse
Soul of Marrakesch – 30 einzigartige Erlebnisse
Soul of New York – 30 einzigartige Erlebnisse
Soul of Rom – 30 einzigartige Erlebnisse
Soul of Tokio – 30 einzigartige Erlebnisse
Soul of Venedig – 30 einzigartige Erlebnisse

„Verborgenes"-Reiseführer

Verborgenes Berlin
Verborgene Dolomiten
Verborgenes Florenz
Verborgenes Genf
Verborgenes Hamburg
Verborgenes Kopenhagen
Verborgenes Korsika
Verborgenes Istanbul
Verborgenes Lissabon
Verborgenes London
Verborgenes Mailand
Verborgenes New York
Verborgenes Paris
Verborgene Provence
Verborgenes Rom
Verborgene Toskana
Verborgenes Venedig
Verborgenes Wien

Auf Englisch
Secret Amsterdam
Secret Bali
Secret Bangkok
Secret Barcelona
Secret Belfast
Secret Brighton – An unusual guide
Secret Brooklyn
Secret Brussels
Secret Buenos Aires
Secret Campania
Secret Cape Town
Secret Dublin – An unusual guide
Secret Edinburgh – An unusual guide
Secret French Riviera
Secret Glasgow
Secret Granada
Secret Helsinki
Secret Johannesburg
Secret Liverpool – An unusual guide
Secret London – Unusual Bars & Restaurants
Secret Los Angeles
Secret Madrid
Secret Mexico City
Secret Montreal – An unusual guide
Secret Naples
Secret New Orleans
Secret New York – Hidden bars & restaurants
Secret Rio
Secret Seville
Secret Singapore
Secret Sussex
Secret Tokyo
Secret Washington D.C.
Secret York – An unusual guide

Folgen Sie uns auf Facebook, Instagram und Twitter

Kartengestaltung: **Cyrille Suss** – Layout: **Emmanuelle Willard Toulemonde** –
Übersetzung: **Babyl Traducciones** – Lektorat und Korrektorat: **Johanna Kling** – Herausgeber: **Clémence Mathé**

Umschlagfoto: ©**NOAA — Unsplash**

Pflichtexemplar: September 2023 – 2. Auflage
ISBN: 978-2-36195-681-3
Gedruckt in Slowakei von Polygraf